KB033440

FOLLOW

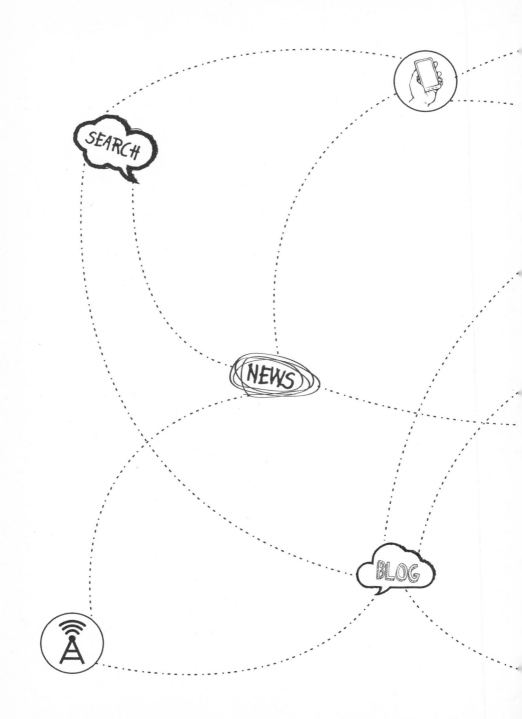

내 손안의 미디어테크

현직 기자가 전하는 미디어 콘텐츠 발굴법과 미디어의 미래

내 손안의 미디어테크
현직 기자가 전하는 미디어 콘텐츠 발굴법과 미디어의 미래

인쇄 2015년 12월 20일 1판 1쇄 **발행** 2015년 12월 25일 1판 1쇄

지은이 이경태 **펴낸이** 강찬석 **펴낸곳** 도서출판 나노미디어 **주소** (150-838) 서울시 영등포구
도신로51길 4 **전화** 02-703-7507 **팩스** 02-703-7508 **등록** 제8-257호
홈페이지 www.misewoom.com

정가 12,000원

이 도서의 국립중앙도서관 출판예정도서목록(CIP)은 서지정보유통지원시스템 홈페이지(http://seoji.nl.go.kr)와
국가자료공동목록시스템(http://www.nl.go.kr/kolisnet)에서 이용하실 수 있습니다.
CIP제어번호: CIP2015032911

ISBN 978-89-89292-54-8 03070

저작권법에 의해 보호를 받는 저작물이므로 무단 전재와 복제를 금합니다.
잘못된 책은 교환해 드립니다.

내 손안의 미디어테크

현직 기자가 전하는 미디어 콘텐츠 발굴법과 미디어의 미래

이경태 지음

Nano Media | 나노 미디어

들어가며

2010년 5월 27일.

이날을 새로운 세상의 가능성에 매료돼 마음을 빼앗긴 날로 기억하고 있다.

스티브 잡스의 아이폰이 한국에서 출시돼 하루가 다르게 새로운 이슈를 만들어냈던 시절, 대전에서 처음으로 아이폰 애플리케이션 개발을 위한 스터디 모임이 있던 날이었다.

지금도 그렇지만 아이폰은 소중함 그 자체다.

2009년 12월 말 예약을 통해 처음으로 아이폰3GS를 손에 쥐고 당시 살고 있던 시골집의 대문을 들어오던 중 바닥의 얼음에 미끄러져 마당에 그대로 고꾸라진 적이 있다. 아이폰을 받아 본 지 이틀 만에 아이폰에 좁쌀만한 흠집이 생겼는데 그 흠집의 상태를 확인하기 위해 땅바닥에 넘어져 누워 있는 상태에서 아이폰의 안위(?)를 먼저 살필 정도였다면 말 다한 것 아닐까.

다행히 그 시절 유통과 통신분야를 담당해 아이폰에 대한 많은 기사를 썼던 것으로 기억한다. 그러던 중 아이폰 애플리케이션 개발자들이 관심을 갖고 있던 포털 사이트의 최대 규모 카페에서 대전 스터디 모임 소식을 알게 됐다.

취재차 방문한 그 첫 아이폰 앱 개발 스터디 모임은 그동안 세상을 바라보는 관점에 종지부를 찍게 만들었다. '새로운 언어와 규칙으로 세상이 다르게 보이기도 하는구나'라는 생각을 하게 만든 그 첫 모임만 떠올리면 아직도 전율을 느낀다.

귀신에 홀린 듯 그 다음 주부터 스터디에 합류하기 위해 100여만 원에 달하는 구형 맥북을 구입하고 소정의 스터디 수업료를 내는 데 아무런 망설임도 없었다. 순식간에 결정을 내린 일이었다.

그렇게 내 손안에 들어갈 미디어테크는 시작됐다.

햇수로 기자 생활 10년차로 접어들 때까지 국내와 해외의 다양한 미디어 형태를 지켜봐 왔지만 결론부터 말하면 정답이 없다는 게 답이라고 생각한다. 사실 더 나은 미디어의 형태는 앞으로도 나올 것이고 지금의 미디어는 끊임없이 변화하고 업그레이드되고 있다.

기사를 보거나 전문 잡지를 보면 미디어의 좋은 사례가 나오고 우리 삶에 어떤 영향을 끼쳤는지 아주 상세하게 나온다. 심지어 아주 친절한 그림과 사진으로 화려한 미디어의 현재를 다시 한 번 일깨워준다.

그러나 미래에 대한 설계도를 그려볼 수 있도록 해주는 스케치북을 아직은 찾지 못했다. 문구점에 가면 아이들이 색을 칠할 수 있도록 윤곽만 그려 놓은 스케치북을 쉽게 볼 수 있다. 아이들은 그 스케치북을 이용해 색을 공부하고 색칠하는 법을 스스로 터득하게 된다. 그런 다음에야 아이들은 다양한 색을 이용해 자신만의 그림을 그리게 된다.

미디어도 마찬가지라고 생각한다.

기존의 미디어는 사실 많은 사람들이 이미 알고 있고 너무 식상하다. 더구나 미디어분야를 전공하거나 자기만의 경쟁력 있는 미디어를 만들고 싶다면 새로운 생각을 하기 전에 최소한 훈련부터 해야 하지 않을까 생각한다.

여기에 빠져서는 안 되는 게 있다. 그건 바로 기술이다.

흔히들 미디어에 종사하는 사람들은 콘텐츠 자체만이 힘이라고 생각한다. 하지만 실제 그럴까?

콘텐츠는 분명 기본이 돼야 하고 아주 중요한 미디어의 요소라는 것은 부정할 수 없다. 그렇다면 콘텐츠만으로 모두가 성공적인 미디어를 만들어내야 하는데 그게 왜 안 될까?

기술과 어떻게 결합해야 하는지에 대한 고민이 부족하기 때문이다. 기술의 흐름과 변화를 익힌다면 콘텐츠가 어떠한 기술로 어떻게 사회에 반향을 이끌어내는지 알 수 있지 않을까 생각한다.

그래서 이 책은 어쩌면 단순히 교양서적 같이 누구나 관심을 가지고 읽는 도서가 아니길 빈다. 미디어를 전공하거나 새로운 미디어를 만들어나가는 사람들이 곁에 두고 살펴보면서 필요할 때마다 뒤적거릴 수 있는 책이길 빈다. 인문학이 기술과 제대로 만나 새로운 미디어를 창조해낼 때, 아니면 그런 미디어를 창조한 당신이 그때 이 책을 한 번쯤 기억해주길 바란다.

그럼 '내 손 안의 미디어테크', 아니 '네 손 안의 미디어테크'가 될 수 있길 기대하며 하나씩 이야기를 풀어나가보겠다.

차 례

차 례

아이디어 기획법

    우리 사회의 한 영역에서 역할을 해온 선배 기자들이 해온 것처럼 많은 기자들은 자신만의 기사를 매일 쏟아내고 있다.

    정부나 자치단체, 기업이 새로운 정책이나 공적을 뽐내듯 제시하는 보도자료가 아닌, 자기만의 시각이 반영된, 가장 먼저 가장 새로운 기사를 써야 하는 부담을 짊어진다. '데드라인Deadline'이라고 불리는 마감시간에 맞추기 위해 일간지 기자들은 하루살이 인생을 산다. 몸은 힘들어도 시시각각 발생하는 사건사고는 오히려 머리가 덜 아플 수도 있다. 그래도 쓸 게 있으니 말이다. 오히려 큰 사건이나 사안이 생기지 않을 때가 죽을 맛이다.

    "뭐라도 건져야 오늘 하루 땟거리를 하지"라는 하루살이 기자들의 고뇌 섞인 독백이다.

    말은 땟거리라고 해도 다음날 보도되는 그 땟거리는 완성도 높은 기사로 독자들 앞에 선다. 취재할 시간도 없었을 텐데 보도된 기사의 내용은 정말 사람을 아프게 하기도 한다.

    한 출입처 직원이 그런 말을 한 것을 들었다.

"그냥 농담 따먹기 식으로 얘기하고 평상시와 다를 바 없이 이야기 하고 웃고 했는데, 다음날 기사를 보니 내가 한 말이긴 한데, 그게 그럴듯한 기사가 돼 있더군요."

그래서 기자들과 말을 섞지 말라는 웃지 못할 얘기가 떠도는 것이 씁쓸할 때가 있다.

다시 돌아와서, 하루의 땟거리를 만들기 위해서 기사 아이템을 정하고 아니면 뒤늦게 아이템을 끄집어내 기사로 만드는 과정, 이게 바로 새로운 아이디어를 기획하는 과정이다. 그래서 아이디어는 기자들의 눈과 귀에서 시작한 경우가 많다. 끊임없이 돌아다니고 사람들과 만나면서 다양한 주제에 대해 이야기하고 정리하고 그러다 보면 중요한 단어가 대화 속에서 떠돌아다니는 것을 직감적으로 알아차린다.

아이디어는 순전히 내 것이라고 생각한다면 어리석은 일이다. 사람들과 만나면서 또는 테이블 위에 놓여있는 잡지의 표지나 생활정보지에서도 무수한 아이디어는 돌아다닌다. 단지 우리는 그게 아이디어의 중요한 요소가 될 수 있다는 것을 낚아채지 못할 뿐이다. 간혹 "그게 무슨 기삿거리라도 되나요?"라고 질문을 받기도 한다. "이 정도는 기사가 되기는 어렵기 때문에 새겨듣지 않아도 된다"라는 말을 들을 때면 꼭 하고 싶은 말이 있다.

"기사는 기자가 판단하는 겁니다."

간단히 말해 아이디어는 하나의 단어單語에서 시작한다고 봐야 한다. 단어 또는 낱말은 스스로 일정한 뜻을 담고 있으며 자립성이 있는 최소단위를 말한다. 단어가 있어야 생각이 정리되고 새로운 생각이 또 다른 생각이 아닌, 기발한 생각이 된다.

아이디어는 새로운 창조의 산물이 아닌, 기존의 것에 하나 또는 둘을 더해 "나도 그 정도는 생각할 수 있었어"라는 말을 들을 만할 수준이면 된다. 다만, 그걸 내가 먼저 했다는 게 중요하다.

그렇다면 그런 아이디어를 어떻게 담아낼 수 있을까?

또 어떻게 새로운 아이디어를 찾아낼 수 있을까?

사실 정답은 없다.

다만 일단 머리를 비우는 데서 시작해보자.

새하얀 스케치북을 떠올려보자.

자, 무엇을 하고 싶은가.

새하얀 스케치북에는 어떠한 규칙도 없다. 점을 먼저 찍어보고 또 다른 점을 다시 찍어보면 어떨까라는 생각을 할 수 있을 것이다. 2개의 점이 되면 다음엔 무엇을 해야 할까?

첫 번째, 비슷한 점을 다시 찍어 3개의 점을 만든다.

두 번째, 선과 선을 직선이나 곡선으로 이어본다.

세 번째, 점에 구멍을 뚫는다.

무엇부터 하고 싶은가. 누군가는 아마 창의적이고 혁신적인 아이디어로 구멍을 뚫어야 한다고 말할 수도 있겠다. 하지만 세 번째가 그리 좋은 답일지 의문이 든다. 아이디어를 찾는 데 너무 멀리 가버렸다고 할까.

점을 또 다시 찍는 첫 번째 방법을 선택한 사람도 있을 것이다. 이마저도 왠지 아쉽다. 무조건 누군가를 따라하는 것 같기도 하고 말이다. 첫 번째처럼 계속 점을 찍다보면 점만 수없이 많아질 것이다. 세 번째처럼 구멍을 뚫다보면 초기엔 상관없지만 스케치북을 더 이상 쓰지 못할 수 있다.

아이디어는 두 번째 방법처럼 2개의 요소가 합쳐져 제3의 모습을 갖추는 데서 찾을 수 있다. 일반 기업에서도 무수한 아이디어를 직원들에게 요구한다. 아마도 첫 번째처럼 기존의 기획이나 생각을 무한 반복한다면 회사나 상사는 더 이상 당신에게 아무것도 요구하지 않을 것이다. 그냥 사라져주길 바랄 수도 있다.

그리고 세 번째처럼 정말 새로운 방식을 제시한다면 분명 상사는 당신을 적으로 생각할 수도 있다. 기존의 규칙을 뒤엎고 자신만의 규칙이 정당하다고 주장한다면 당신이 상사라도 그 부하직원의 방식을 부정할 수밖에 없을 것이다.

하지만 다른 사람이 선을 긋지 않았는데 그 점을 하나의 그룹으로 묶어 선으로 연결한다면 아마도 당신은 그들이 얘기하는 '아이디어 뱅크'가 될 것이다. 여기에 아이디어의 가장 기본이 되는 힘은 '리턴return'에 있다.

점과 점을 연결하면 선이 되지만 선은 일직선상의 무수한 점으로 이뤄져 있다. 선의 부분을 조금씩 지우다보면 점이 된다. 하지만 구멍을 뚫어버린다면 더 이상 선을 그을 수 있는 평면이 생기지 않으며 구멍이 처음의 점이라고 말할 수 없다. 그렇다고 리턴을 위해 뚫린 구멍을 풀로 붙이는 것은 어리석어 보인다.

그래서 아이디어를 찾는 것은 쉽지 않다. 다시 처음으로 회귀할 수 있는 기능을 반드시 탑재해야 온전한 아이디어가 될 수 있다. 그래야 다시 고칠 수도 있고 기능을 새롭게 할 수도 있다.

자, 그럼 정말 아이디어를 기획하는 첫걸음을 떼어보자.

앞서 준비한 것처럼 스케치북을 바로 옆에 놓았으면 좋겠다. 스케치북이 아니어도 좋다. 생각을 적을 수 있다면 메모지라도 상관없다.

먼저 커다란 원을 그리거나 말풍선 같은 걸 그려보자. 다음엔 그 안에 무작정 단어를 적어보자. 당신이 생각하고 있는 단어 중에서 중요하고 가장 먼저 머릿속에 떠올릴 수 있는 단어이면 더더욱 좋다. 20개 정도를 생각해내서 중요도를 나름대로 결정해 중요한 단어이면 크게, 상대적으로 우선순위가 낮으면 작게 써본다.

글자 크기는 각각 다르게 하는 게 가장 좋다. 20개의 단어가 말풍선 안에 가득 차면 한눈에 당신이 인생에서 무엇을 가장 중요하게 생각하는지 알 수가 있을 것이다.

말풍선 아래엔 당신의 직업을 적어본다. 아직 취업을 하지 않았다면 원하는 직업을 구체적으로 적어본다. 예를 들어 언론인이라고 적지 말고, 신문기자나 방송기자, 칼럼니스트, 편집기자 이런 식으로 말이다. 다른 직업도 마찬가지다.

이젠 그 직업에 비춰볼 때 함께 써서 잘 어울린다고 생각하는 단어가 무엇인지 5개만 골라본다. 아마도 큰 글자로 적힌 단어를 고를수도 있겠지만 작은 크기의 단어도 고를 수 있을 것이다. 이 과정은 앞서 제시했던 두 번째 방식인 선을 긋는 과정과 비슷하다. 점과 점의 공통점을 찾아 연결해주는 방식이 내가 중요하다고 생각하는 단어와 나의 직업의 연결고리를 찾는 과정과 닮아있다는 것을 순식간에 알아차렸을 것이다. 상호 공통점과 차이점, 그리고 함께 어울린다는 것은 그저 의미 없는 선을 긋는 게 아니라 충분히 두 요소를 고민하고 새로운 시각으로 바라보는 데서 얻을 수 있는 결실이다.

아이디어를 찾는 것은 매력적이기도 한 일이지만 고뇌의 연속으로 머리가 지끈지끈 아픈 일이기도 하다. 때문에 접근법 역시 남들과 달라야 한다.

어릴 적 아버지께서 정해 놓으신 가훈이 생각난다.

"남과 같이 해서는 남 이상 될 수 없다"

이 말을 언제 쓸 수 있을까 생각했는데 처음으로 써 본다.

남과 같은 방식으로 아이디어를 접근하는 것은 더 이상 새롭지도 기발하지도 않다. 또 아이디어 기획법은 개인에 따라 다르다. 생각의 나래를 펴는 데는 각각의 버릇이 다를 것이고 개인 능력에도 차이가 있다.

경험을 얘기한다면, 평상시 아이디어가 꼬리에 꼬리를 물고 머릿속에서 나올 때는 무조건 실내에서 가장 먼 대각선 거리를 찾아 무한 반복해서 걷는 버릇이 있다. 지금도 그렇지만 옛 시골집에서 무엇인가 아이디어가 떠오를 때면 먼저 안방 끝 구석 모서리에서 시작해 거실로 걸어 나온다. 거실을 대각선으로 가로질러 가면 화장실 앞 통로가 있다. 그 통로를 건너면 방이 나온다. 또 그 방의 대각선으로 가로질러 책장 끝 모서리까지 걸어간다.

이렇게 걷는 동선이 확보되면 20~30분을 무한 반복하며 왕복해서 걷는다. 그 안에서 새로운 생각은 허풍을 약간 보태면 우주 공간까지 날아간다. 영화 〈인터스텔라〉처럼 시공간을 뛰어넘어가는 경험을 한 것 같은 기분이 들 때도 있다.

아이디어를 기획하기 위해서는 나만의 생각 속에서 나만의 사고 패턴을 잘 이용하고 그 안에서 단어와 단어의 상관관계를 수없이 고민하는 것부터 시작해야 한다. 좋은 아이디어는 절대 거저 얻을 수 있는 게 아니다. 그래서 자기만의 사고 패턴을 잘 살펴보고 어떠한 때 정말 자유로운 사고를 할 수 있는지 살펴봐야 한다.

내 머릿속에 하나의 연구실을 만들고 충분히 연구를 할 수 있는 환경을 만들어줘야겠다고 마음먹고 사고 패턴의 방법을 찾아보자. 아이디어 기획은 머릿속 연구실에서 해야 한다는 점을 꼭 기억해두길 바란다.

미디어 기획 마인드맵

"자신의 지능을 자유롭게 확장하고자 원하는 모든 분에게 이 책을 바친다."

이 말은 마인드맵Mind Maps의 창시자로 알려진 토니 부잔이 저술한 《마인드맵 북》이라는 책의 서두에 나온다. 생각을 보다 체계적으로 펼칠 수 있는 방법을 고민하다 우연한 기회로 이 책을 알게 됐다. 고등학교 시절이었다.

고교생 시절 구입했던 책 중에서 아직까지 남아있는 몇 되지 않는 책이다. 그 시절에는 책을 구입하기보단 대여해서 많이 읽었다. 당시 이 책은 그야말로 충격이었다.

생각이 저절로 커지게도 하면서 그 생각의 흐름을 그대로 유지하며 다른 생각을 할 수 있었다. 뿐만 아니라 생각의 과정을 그 다음날이 돼도 그대로 알 수 있는 새로운 방식의 언어와 같다는 느낌이 들었다. 그렇다보니 이 책이 전설 속의 비급인 것 마냥, 겉표지를 구해 그대로 싸놓았다. 이런 책을 보고 있다는 것에 대해 다른 누군가에게 알리고 싶지 않았다. 지금 생각하면 유치할 수 있는데, 이런 과정을 제대로 알고 있는 사람도 없었지만 다른 사람이 이런 방식으로 생각을 하게 두고 싶지 않았다.

야간 자습시간이나 휴일에 반복해서 이 책을 읽었던 것으로 기억한다. 그때 즐겨 읽었던 덕분에 지금은 책에 의존하지 않더라도 마인드맵 기획을 곧잘 한다. 새로운 일을 맡거나 또 다른 일이 생기면 습관적으로 마인드맵으로 정리를 한다.

마인드맵은 흔히 '가지치기'라는 개념으로 설명된다. 대주제에서 소주제로 넘어가면서 그와 연관된 생각을 덧붙이는 방식이 일반적이다. 마인드맵을 시작하기 이전에 생각을 분류하는 목적을 2가지로 나눴으면 한다. 먼저 마인드맵은 방대하거나 복잡한 내용을 머릿속에 넣기 위한 용도로 활용하면 좋다.

예전 기억으로 되돌아가면 국사 과목 등 스토리가 있는 내용을 테마별로 구분해 암기하는 데 활용했던 생각이 난다. 신석기 시대부터 구석기 시대를 거슬러 올라가 삼국시대에 이르기까지 유물과 지역, 삼국시대를 상징하는 역사적 사실 등은 있는 그대로 암기하기에는 어려움이 있다. 하지만 마인드맵을 그려나가면서 외울 경우, 이후에도 마인드맵을 보지 않더라도 머릿속에서 마인드맵을 그려가면서 그 내용을 다시 상기시킬 수 있다.

여기에 내용을 보다 사실적으로 설명해줄 수 있는 간단한 그림을 곁들인다면 금상첨화다. 뿐만 아니라 그려놓은 마인드맵을 다시 보면 전체적인 내용을 다시 짧은 시간 내에 기억해낼 수 있다는 장점이 있다.

두 번째로는 생각을 구조화시키고 이를 시각화하려면 논리적으로 정리를 해야 하는데, 이때 마인드맵을 활용해야 한다. 생활 습관을 바꾸는 것부터 해야 할 일, 비즈니스 모델, 사회적 관계 등 테마를 분류한다면 마인드맵을 활용할 수 있는 경우의 수는 셀 수가 없을 것이다. 그만큼 마인드맵은 생각의 단위를 쪼개고 그 단위마다 좌표를 붙여 정확한 위치를 잡아주는 역할을 해준다.

그렇다면 마인드맵을 활용해 콘텐츠를 구성하고 미디어를 기획하려면 어떻게 해야 할까? 그동안에도 새로운 아이템이 있다면 무조건 마인드맵으로 먼저 그려보면서 의미가 있는지 여부를 판단했다.

마인드맵으로 미디어를 기획하기에 앞서 우선 스스로 마인드맵을 얼마나 잘 활용할 수 있을지에 대해서 살펴봐야 한다. 흔히 책을 보면 목차라는 게 있다. 글을 싣는 순서나 내용을 축약적으로 적어두는 것인데, 마인드맵 역시 이와 같은 방식으로 작성하면 된다.

일상적으로 중앙에 커다란 원을 그리고 큰 주제를 적는 것으로 시작하면 된다. 그 주제에 따라 가지치기 하듯 새로운 작은 원을 그려서 세부 내용으로 분류하면 된다. 하지만 여기서 주의해야 할 점은 목차를 그대로 가지치기 하게 되면 나중에는 내용을 머릿속에 떠올리기가 어렵게 된다. 단순히 나열식의 마인드맵은 더 이상 마인드맵이 아니기 때문이다.

목차에서 1, 2, 3, 4 등으로 분류되지만 무조건 가지치기를 4개로 나눌 필요는 없다. 큰 주제에서 1로, 1에서 2로 연결이 되고 큰 주제에서 3으로, 3에서 4로 연결되는 마인드맵의 가지를 그려도 문제는 없다. 내용상 나열식 목차보다는 연관성이 있는 주제를 상하 관계로 재정립하는 게 중요하다.

더 상세하게 말한다면 부모와 자식 관계로 생각해보면 쉽다. 부모에게는 자식이 여럿 나올 수 있지만 자식에게는 부모가 여럿이 될 수가 없기 때문에 마인드맵 역시 부모 자식 관계로 생각을 정리하면 된다.

이를테면 여행이라는 주제를 생각해보도록 하자.

여행에 대해서 맛집 여행, 사진 여행, 휴양지 여행, 쇼핑 여행 등으로 테마를 정할 수 있다. 이럴 경우, 단순히 여행이라는 큰 주제에서 4개 항목으로 각각 나눌 수가 있다.

이렇게 나눈 4개 항목이지만 그 사이에는 여러 가지 연관성을 찾을 수가 있다. 무조건 4가지로 분류하기에는 공통점도 많다. 여행을 가다보면 맛집을 찾을 수도 있고 그러면서 사진을 찍을 수도 있다. 때로는 휴양지로 여행을 떠났더라도 쇼핑을 할 수 있는 상업시설이 발달돼 있다면 쇼핑을 할 수도 있다. 그렇기 때문에 오히려 맛집 여행이 사진 여행, 휴양지 여행, 쇼핑 여행을 모두 포함하는 방식의 마인드맵도 만들 수가 있다. 마인드맵을 만들고 정리하는 데는 이처럼 콘셉트의 방향이 중요하다.

이렇게 의미를 부여하고 그 대주제에 맞춰 분류를 하다보면 마인드맵을 완성했을 때에는 이미 정리된 내용이 머릿속에 각인돼 있을 것이다. 한 번에 잘 되는 법은 없다. 무수한 연습을 해야 한다.

그렇다면 이제부터는 미디어 기획을 하기 위한 마인드맵을 만들어보자.

요즘 들어서 미디어의 종류는 너무나도 많다. 올드 미디어였던 신문, 잡지에서 시작해 카페, 블로그, 인터넷 뉴스 등 다양하다. 여기에서는 블로그를 미디어로 선택해보자.

그동안 블로그를 운영하는 사람들의 패턴을 보면, 블로그에 주제를 정해서 그에 맞는 이야기를 게시하는 식으로 단순화할 수 있다. 더 나아가 분야별 카테고리를 정해서 자신이 중요하다고 생각하는 글이나 뉴스를 올려 나름 자신만의 정보를 정리하게 된다.

하지만 블로그를 운영하기에 앞서 중요한 것은 블로그의 성격 또는 테마, 수요자 또는 방문자의 성향, 지속 가능한 콘텐츠 생산 등 3가지의 세부 요소를 테마로 마인드맵을 설계할 수 있느냐다. 이 3가지 요소는 블로그에만 적용되는 것이 아니라 콘텐츠를 만들어 대중에게 소개할 때 필요한 조건이다.

콘텐츠의 성격, 콘텐츠 수요자, 지속 가능한 콘텐츠로 일반화할 수 있다.

콘텐츠의 성격 또는 테마는 말 그대로 블로그에 들어갈 만한 콘텐츠의 대주제를 말한다. 영화에 관심이 많아 다양한 영화를 즐겨 보며 영화와 관련된 잡다한 지식을 가지고 있다면 영화 리뷰 등을 담아 놓는 블로그를 운영하고 싶은 생각이 들 것이다. 또 영화 속 특별한 대사, 신작 및 유명 영화배우의 영화 시리즈 등을 비교 분석한 글도 게재하리라 생각된다.

그렇다면 여기에서 수요자를 선택하는 게 중요하다. 누구를 위해 콘텐츠를 만들 것이냐는 질문을 해야 한다.

영화에 대해서는 수요자로 사실 남녀노소를 가리기는 쉽지 않지만 콘텐츠를 생산하려면 누구에게 가장 도움이 되는 콘텐츠인가를 먼저 고민할 필요가 있다. 이 부분이 세부 마인드맵을 그려나갈 수 있는 요소를 결정한다. 수요자를 결정한다는 문제는 향후 콘텐츠의 선별, 마케팅, 수익화 방안과 직결되기 때문이다.

물론 취미로 블로그에 콘텐츠를 만들어 올릴 수도 있을 것이다. 그러나 취미로 하는 블로그 역시 누군가가 사이트로 들어와 둘러봐줘야 또 다른 콘텐츠를 생산할 동기를 얻을 수 있기 때문에 무조건식의 콘텐츠 생산은 그야말로 시간 낭비, 에너지 낭비일 것이다.

다음으로 지속가능한 콘텐츠는 무엇일까?

경영에나 나올 법한 '지속가능한'이라는 말은 콘텐츠에서도 적용가능한 말이다.

꽤 많은 사람들이 한 번쯤은 자신만의 미니홈페이지를 만들거나, 카페, 블로그, SNS 등을 해본 경험이 있을 것이다. 하지만 처음의 의지와는 다르게 한 달이 지나도록 콘텐츠 만들 생각은 않고 '시간이 없어서'라는 핑계거리를 찾는 데 급급하다. 거창하게 고심 끝에 제목을 정하고 시작한 서비스이지만 어느 새 본인도 찾지 않는 '유령 사이트'로 전락하기가 일쑤다.

필자 역시 마찬가지다. 처음으로 게시글을 올릴 수 있는 온라인 사이트를 개설한 것이 벌써 15년 전쯤이다. 한 포털 사이트에서 무료로 개설할 수 있는 카페를 만들어서 지인들도 참여했지만 최근 접속한 시기는 3년 전쯤이다. 아무도 찾지 않는 이름 모를 섬이 돼 버렸다.

이후에도 3~4개의 카페, 2개가량의 블로그, 미니홈피, SNS 계정 등 활동을 하지 않거나 서비스가 종료된 사이트가 수두룩하다. 그 나마 페이스북을 끝까지 잡아두고 있지만 이 역시 초창기 같지가 않다. 그래서 생각나는 말이 '초심을 잃지 말자'라는 말이다. 결 국 지속가능한 콘텐츠를 만든다는 것은 보통 의지를 갖고 할 수 있 는 게 아니다.

하지만 정말 자신만의 사이트나 플랫폼을 통해 콘텐츠를 지속적 으로 생산해 게재하고 싶다면 앞서 얘기했던 것처럼 콘텐츠의 방향 을 제대로 잡고, 수요자까지 정확하게 염두에 두는 일밖에 없다.

참, 3가지 미디어 콘텐츠를 만드는 데 필요한 조건 이외에도 한 가지 덧붙여야 할 것이 있다면 그것은 바로 내가 무엇을 잘하는가 라는 질문이다.

콘텐츠의 기본 요소는 바로 글이다. 내용이 있어야만 사람들은 콘텐츠를 즐기고 그 의미를 얻어갈 것이다. 그 다음에 보여줄 수 있 는 것들, 다시 말해 비주얼적인 요소다. 예를 든다면 사진이 있을 것 이고, 그림, 캘리그래피, 그래프 등 다양하다.

이것들은 우리가 흔히 콘텐츠 플랫폼에서 볼 수 있는 콘텐츠의 모습이다. 하지만 이미 생산되고 있는 고급의 콘텐츠를 비슷하게 만 들어내거나 어느 정도 따라가기 위해서는 스스로 어떤 기술이 있는지 파악할 필요가 있다.

　다 잘할 수는 없다. 그렇기 때문에 이제부터라도 내가 잘 할 수 있는 능력이 무엇인지, 어떤 기술이 있는지 파악해야 한다. 또한 요즘의 콘텐츠는 PC 환경에서 대부분 생산되기 때문에 PC를 통해 콘텐츠를 생산할 때 어떤 기술을 이용할 수 있는지도 자신만의 경쟁력이 될 수 있을 것이다.

　모든 기술을 다 잘할 수는 없지만 두루 섭렵해놓는다면 누군가가 양질의 콘텐츠를 만들 때 소모되는 시간과 노력을 나눌 수도 있다. 그래서 '아는 만큼 보인다'라는 말을 좋아할 수밖에 없다.

만능 테크니션이 되는 길

취업을 하기 위해서는 다양한 스펙이 필요하다. 하지만 최근에 들어서는 '스펙 초월 리크루팅'을 진행하는 곳도 생겨나는 등 단순히 표준화된 스펙을 평가하지 않으려고 한다.

일괄적인 문답이나 평가를 통해 자격증을 취득하는 것이 정말 업무 현장에서 제대로 활용될 수 있을지 확신할 수 없기 때문이 아닐까. 콘텐츠를 만들고 기획을 하기 위해서는 다름 아닌, 실제 활용할 수 있을 정도의 다양한 테크닉을 익혀놓아야 한다.

여기서 한 번 가만히 자신을 뒤돌아봤으면 좋겠다. 내가 다룰 수 있는 프로그램이나 능력이 무엇인지 말이다. 분명 콘텐츠를 기획하고 설계하는 차원에서 생각해봐야 한다.

콘텐츠를 다양하게 기획하고 자신의 아이디어를 멋진 콘텐츠로 탈바꿈시키기 위해 필요한 기술을 얼마나 익혀놨는지 하나씩 따져보자.

앞서 아이디어를 구체화하고 새로운 콘텐츠를 만들기 위해 그동안 활용해왔던 기술을 설명해보도록 하겠다.

필자는 아이디어를 구체화하기 위해 대략 아래와 같은 프로그램
을 활용하고 그에 맞는 기술을 익혀왔다.

- 한글
- 워드
- 엑셀
- 파워포인트
- 포토샵
- 일러스트
- 프리미어 프로
- 3Ds MAX
- 유니티
- 오브젝티브-C
- 캐리커처

한글

한글의 경우, 너무나도 친숙한 프로그램이다. 한글로 문서를 작성
하는 대한민국의 대표 문서 프로그램이다.

단순히 한글에 글을 써넣는 정도에서는 제대로 된 표현을 하기
가 어렵다. 표를 만들고, 그림을 삽입하고 각주를 달고, 페이지 표
시를 하는 등 논문을 작성할 정도로 필요한 기능을 익힐 수 있어
야 한다.

사실 한글을 쓸 줄 알지만 많은 사람들이 아직도 한글의 세부적인 기능을 활용하지는 않는다. 굳이 모든 기능을 이용하지 않아도 간단한 몇몇 기능으로도 사용하는 데 큰 불편을 겪지는 않는다.

하지만 무엇인가 무에서 유를 창출하기 위해 아이디어를 새롭게 구체화하겠다는 마음이 있다면 자주 쓰지 않더라도 다양한 기능을 익혀놓는 게 좋다.

워드

워드 프로그램은 취업에 필요한 인터넷 자격시험의 단골손님이다. 많은 취준생취업준비생들에게는 너무나도 익숙한 프로그램이다. 하지만 한글에만 익숙한 사람에게는 워드가 꽤나 까다로운 프로그램이다.

사실 해외 업무를 진행하는 것이 있어 워드 문서를 작성하기 시작했는데 왠지 한글이나 다른 문서 프로그램을 쓰는 사람들한테는 답답하기 그지없는 프로그램이다. 하지만 글로벌 시장에서 호환성이 높기 때문에 워드는 꼭 공부해놓으면 쓸모가 있을 것이다.

엑셀

엑셀은 아이디어를 설계할 때 꼭 필요한 도구이다.

엑셀을 두고 '셀과 셀의 미학'이라고 표현하고 싶을 정도다. 필자가 콘텐츠를 만들고 기획을 할 때 기본적으로 활용하는 프로그램이 바로 엑셀이다.

군대 제대를 한 뒤 아르바이트 자리를 구하다 우연찮게 지역 군청의 농산과에서 근무할 수가 있었다. 단기 아르바이트 자리로 당시 공공근로라고 불렀다. 배치 받은 부서는 농경지와 관련된 통계업무였다. 농지 규모를 정리하고 예산이 농가에 어떻게 지원되고 있는지를 정리하고 이를 데이터로 만드는 일이었다. 엑셀 프로그램으로 정리를 해야만 했는데 무척이나 당황스러웠던 것으로 기억한다. 그때까지 한 번도 엑셀 프로그램을 다뤄보지 않았기 때문이었다.

담당 공무원은 그리 어려운 것이 아니니 간단한 기능하고 수식만 익혀서 오라고 엑셀 프로그램 책자 1권을 던져주다시피 건넸다. 집에 돌아가 엑셀 프로그램을 정독했다. 사실 예전에도 수학을 좋아했던 터여서 수식은 오히려 더 재미가 있었다. 하루 만에 인공지능의 아이언맨이라도 된 것처럼 단순한 엑셀 기능을 익힐 수 있게 됐다. 3개월가량 일을 한 것으로 기억하는데, 나중에는 새로운 수식으로 데이터를 정리하는 약식 프로그램도 만들어 이용하기도 했다. 정말 짧은 시간동안이었지만 잠시 난 천재가 아닐까라는 착각을 하기도 했다.

지금 생각해보면 아무것도 아니지만 당시에는 엑셀을 이용해 재미있는 것을 할 수 있지 않을까 하는 일종의 동기부여였다고 생각한다. 그 과정을 통해 생각을 데이터로 정리하고 데이터로 분류한 아이디어가 새로운 가치를 담아낼 수 있다는 것을 익힐 수 있었다.

모든 아이디어는 수에서 시작한다. 숫자가 들어가야 하며 아이디어와 아이디어의 연결고리에도 수가 반드시 필요하다. 그렇다보니 수를 이용해 데이터를 만들어내고 이를 다양한 용도로 활용할 수 있는 엑셀은 아이디어를 설계하는 데 있어 없어서는 안 될 프로그램이다.

그렇다고 엑셀이 어려운 프로그램도 아니다.

콘텐츠를 만들거나 변형, 분석할 때 그리 많은 기능을 활용하지는 않기 때문이다. 우선적으로 더하기, 빼기, 곱하기, 나누기 등 일반적인 수식에 대한 이해를 하면 된다. 한 가지 잊지 말아야 할 것이 있다면 반드시 앞에 '='을 붙이는 것이다.

여기에 필터링 방법을 익히게 된다면 어느 정도 빅데이터를 활용할 수 있는 능력을 키울 수 있다. 더 나아가 삽입, 보기 등의 간단한 기능은 차근차근 활용하면서 익혀도 무리가 없다.

숫자로만 된 데이터를 바라본다는 것은 너무나도 막막하고 답답할 뿐이다. 하지만 필터링 기능을 통하면 시간별, 가나다순 등의 조건으로 상당수 데이터가 새로운 가치로 눈앞에 펼쳐진다. 이는 콘텐츠의 방향을 정하는 데 무척이나 중요한 과정이다. 방대한 데이터는 좌표도 없고 방향도 없는 무중력 상태의 우주공간과 별반 다르지 않다. 어디에 서 있는지, 어디부터 살펴봐야 하는지, 어느 방향으로 가야 하는지 도저히 파악할 수가 없다.

그러나 필터링과 일부 수식을 가미할 경우, 상황은 크게 달라진다. 전체 데이터의 주제를 알 수 있고 남들이 알아내지 못한 데이터와 현실과의 틈새를 찾아낼 수 있기 때문이다. 수치에 따라 오름차순 정렬과 내림차순 정렬을 해보면 데이터의 흐름을 분명히 알아낼 수 있을 것이다.

이 글을 읽는 예비 콘텐츠 기획자들 역시 엑셀 프로그램을 가지고 자유자재로 놀아보길 추천한다.

파워포인트

파워포인트는 프레젠테이션을 하고 어느 정도 구체화된 아이디어를 누군가에게 효과적으로 알릴 수 있는 좋은 프로그램이다.

사실 누군가에게 내 생각을 전달하고 설득하는 것은 쉬운 일이 아니다. 설득을 잘하는 사람은 말과 눈빛, 손짓만으로도 청중의 마음을 사로잡는다. 정치인들이 그렇다. 청산유수와 같이 쏟아지는 정렬된 논리와 연기자라고 해도 과언이 아닐 정도로 감정에 호소하는 음성은 누군가의 마음을 끌어당기기에 충분하다.

하지만 현실은 정치인이 아니라는 데 있다. 누군가를 설득하는 말을 배우고 익히기에는 너무도 많은 시간이 필요하다. 그래서 차라리 보여주는 방법을 택하는 게 빠르다.

고인이 된 스티브 잡스의 경우, 애플의 신제품을 출시할 때면 마음을 움직이는 프레젠테이션으로 전 세계인의 시선을 모았다. 그 역시 말로는 한계가 있었는지, 아니면 백문이 불여일견이라고 한 번 보여주면서 얘기하는 게 효과적이라고 생각했는지 꼭 커다란 화면을 이용해 신제품을 소개했다. 그 이후부터는 대부분의 IT업계 CEO들은 스티브 잡스와 비슷한 형태의 작품 설명회를 열기도 한다.

그렇게 사람의 마음을 움직이는 프레젠테이션을 하기 이전에 반드시 할 줄 알아야 하는 게 있다면 파워포인트이다.

애플의 키노트라는 프로그램도 있지만 활용이 제한적일 뿐만 아니라 다양한 PC에서 호환이 가능하도록 파워포인트를 어느 정도 활용할 수 있어야만 한다.

포토샵 & 일러스트

다음으로는 포토샵과 일러스트이다.

기획을 하거나 새로운 콘텐츠 기획에 관심을 갖고 있는 사람이라면 이 2가지 프로그램을 모를 리가 없다. 디자인 작업을 하기 위한 가장 기본적인 프로그램이다.

갈수록 미디어는 읽는 콘텐츠에서 보는 콘텐츠로 변화하고 있다. 신문 기사도 따분한 글보다는 한 번에 보여주는 사진이나 인포그래픽으로 변화하는 추세다. 그래서 디자인 작업은 콘텐츠를 기획하고 제작하기 위해서는 반드시 수반돼야 하는 과정이다.

다시 말해, 어려울 수도 있지만 아이디어를 구체화하고 싶다면 포토샵 정도는 공부해놓는 게 좋다. 독학을 해도 수준급의 콘텐츠를 내놓을 수 있으니 용기를 잃지 말고 독학해보길 바란다.

파워포인트를 통해 누군가에게 내 생각을 전달하기 위해서는 글을 비롯해 표, 그림이 필요하다. 내 생각을 그대로 표현해줄 수 있는 추상적인 개념은 글로 전달하기에는 한계가 있다. 그렇다보니 간단한 스케치를 해줄 수 있는 디자인 능력은 필요하다고 본다. 디자인은 모든 기획에서 빠질 수 없는 요소이기 때문이다.

일러스트의 경우에는 디자인을 전문적으로 하는 업무를 하지 않는 이상 일반 콘텐츠 기획자에게는 활용도가 떨어진다. 다만, 픽셀의 화질이 변형되지 않는 디자인 콘텐츠를 제작하기 위해서는 일러스트가 최적이다.

필자는 일러스트보다는 포토샵을 즐겨 활용하기 때문에 일러스트를 활용한 콘텐츠 제작이 상대적으로 어렵다는 느낌이 든다.

프리미어 프로

프리미어 프로라는 프로그램은 동영상을 전문으로 편집하는 프로그램이다. 동영상을 만져본 사람 중에는 프리미어 프로를 모르는 사람이 없을 정도로 유명하다.

2007년 쯤에 처음으로 회사 차원에서 동영상 촬영 및 편집에 대한 기대가 커 취재기자 상당수가 지역에 있는 영상대학을 찾아가 동영상 교육을 1주일 동안 받은 적이 있다.

간단한 영상 제작이 가능할 정도로 교육을 받은 뒤부터 회사에서 기자 개인에게 휴대용 소형 캠코더를 지급해 영상 뉴스를 만들도록 했다. 그때는 화질도 썩 좋지 않고 영상 편집 프로그램 역시 매우 간단했다. 그 이후 동영상을 제대로 만들어보고 싶은 욕심이 생겼다. 당시 회사에서 PD가 사용하는 프리미어 프로라는 동영상 편집 프로그램을 어깨너머로 배우다 이후부터는 이런 저런 기능과 효과를 써보면서 스스로 영상 제작 노하우를 익혔다.

회사 차원에서는 직접 취재와 편집을 통해 교육 DVD까지 제작

하기도 하면서 어느 정도 영상 기술을 고급화시켰고, 이후에도 영
상 제작 기술을 통해 개인적인 홍보 동영상을 제작하기도 했다. 최
근에는 활용을 할 여유가 없지만 필요하다면 언제든지 영상 제작
은 가능하다.

　콘텐츠 제작을 하려는 사람 중에는 동영상 제작에 흥미를 갖고
있는 사람이 많은 것으로 알고 있다. 언론정보학과에서도 영상에 대
한 다양한 기술을 배우기도 하며 방송영상관련 학과에서는 방송 영
상 기술을 전문적으로 가르치기 때문에 프리미어 프로가 아니더라
도 다른 영상 편집 프로그램을 익힐 수 있다면 자신의 전문분야에
맞춰 익혀놓는 것을 추천한다.

3Ds MAX

　3Ds MAX라는 프로그램은 조금 생소할 수 있을 거라 생각한다.
예전부터 앱을 제작하고 기획하면서 항상 3D 콘텐츠에 대한 관심
을 가져온 터여서 3D 부문에 대해서는 더 많은 노력을 기울여왔다
는 생각이 든다.

　이 프로그램에 대해서 알고 있는 사람들은 일반적으로 건축에 활
용되는 프로그램이라고 생각한다. 틀린 말이 아니다. 필자 역시 인
테리어 디자인 사업을 하는 지인 덕분에 3Ds MAX에 입문하게 됐
다. 역시나 독학은 필수. 앞서 포토샵 등 다른 프로그램에서도 마찬
가지로 요즘에는 유튜브가 인강_{인터넷 동영상 강의}을 하기에 안성맞춤
이다. 국내보다는 해외에서 지식을 영상으로 남기는 콘텐츠 양이 많

다보니 전문 프로그램을 배우는 데는 유튜브를 따라올 강사가 없다고 생각한다.

3Ds MAX가 상당부분 인테리어에 활용되지만 그 활용성은 다양하다.

우선 3D 게임을 제작하는 분야에서 널리 사용되는 프로그램 중 하나이다. 게임 개발 업체에서는 게임마다 프로젝트팀별로 개발이 진행되는데 우선 프로토타입을 제작한 뒤 투자를 받아서 사업을 추진하는 경우가 많다.

2010년 이후 2~3년까지는 애플리케이션 1인 개발 붐이 일어 개인적인 게임 개발을 해도 흥행을 했지만 지금은 대부분 업체가 게임분야를 주도하고 있어 3D 디자이너들은 업체를 통해야만 수익 창출이 쉽다. 이렇다보니 3D 게임 소스를 만들어 업체의 프로토타입에 활용할 수 있도록 하는 것이 낫다.

개인이 국내 업체를 대상으로 직접 3D 소스를 판매하기는 여간 어려운 일이 아니기 때문에 차선책을 택해야 한다. 만약 인맥이 있다면 좋겠지만 최근에는 해외 게임 개발 사이트에서 프로토타입 소스를 판매하는 플랫폼이 다양해 수익화가 가능하다.

사실 3D 디자인의 또 다른 목적은 세계적으로 새로운 먹을거리로 떠오르고 있는 3D 프린트와 연결된다. 최근에는 시중에 판매되는 3D 프린터가 100만원 이내로 저렴해 입체 콘텐츠 제작이 가능하다. 콘텐츠의 모양은 다양하기 때문에 새로운 가능성을 얻길 원한다면 콘텐츠 기획자로서 3D 분야에 관심을 가질 것을 추천한다.

유니티

유니티 프로그램은 3Ds MAX와 연계해 소스를 판매하고 관련 애플리케이션 제작을 위해 다루는 프로그램이다.

유니티는 한마디로 3D 게임을 제작하는 데 활용할 수 있는 최적의 프로그램으로 게임업계에 정평이 나 있다. 전문 프로그래머들이 별도의 프로그래밍 언어로 만든 소스를 활용할 수 있고 자체적으로 코딩이 가능하다. 또 디자인적인 요소에서 볼 때 그래픽을 다룰 수 있는 툴이 있어 이 분야만 간단하게 활용할 수도 있다.

그동안 애플리케이션을 제작할 때 도움을 받았는데, 최근에는 모든 애플리케이션 제작 환경을 유니티 시스템으로 적용하고 있다. 여기에 유니티에서 운영하는 에셋스토어가 앞서 언급했던 3D 소스를 판매할 수 있는 시스템이다.

예전에는 간단한 3D 그래픽 소스를 내놓더라도 판매할 수가 있었지만 최근에는 심사 기준이 좀 더 까다로워서 그래픽 콘텐츠 패키지 형태로 어느 정도는 완성도를 높여야만 판매할 수 있다.

오브젝티브-C

프로그램이라고 말하기보다는 프로그램 언어라고 말해야겠다.

아이폰 앱 개발에 입문할 때 프로그램 언어에 문외한이었지만 그래도 1년간의 '잠과의 사투' 끝에 누구의 도움도 받지 않고 앱이라는 것을 출시할 수 있었다.

오브젝티브-C는 일종의 C언어의 변종쯤으로 이해하도록 하자.

⟨head⟩, ⟨body⟩ 구조를 기본으로 해 일련의 알고리즘을 구현해내는 언어이지만 이마저도 그렇게 쉬운 언어가 아니다.

프로그램 관련학과 전공자들도 지속적으로 업그레이드되는 운영체제에 맞춰 코드를 새롭게 공부해야만 하는 게 프로그래밍 환경이라서 비전공자가 무턱대고 다가서기에는 상당한 어려움에 부딪힐 수밖에 없을 것이다. 다른 프로그램을 활용하는 것과 달리, 코딩 분야는 단순히 앱이나 결과물을 만들어낼 수만 있으면 되는 게 아니다. 프로그램상의 오류를 뜻하는 버그를 스스로 해결해낼 수 있느냐가 관건이다.

일정한 틀에 맞춰 간단한 앱을 만들어낼 수는 있겠지만 버그를 해결하기 위해서는 C, C++ 등 다양한 프로그래밍 언어를 알고 있어야 한다.

코딩은 단순히 일반화된 공식을 접목하기보다는 기본적인 틀을 기초로 계속해서 응용해나가는 과정이다. 이렇다보니 비전공자가 코딩까지 섭렵하려는 것은 과한 욕심이 아닐까 생각한다. 다만 코딩이 진행될 때 개발자의 어려움을 이해하고 개발 과정을 짐작할 수 있을 정도면 부족하지 않다고 본다.

이 정도만 되면 그래도 기획된 앱이 언제까지 제작될지를 예상할 수 있다.

캐리커처

어릴 적에 그림 좀 그린다는 말을 한두 번 들어본 적이 있다. 초등학교 시절 얘기다.

어쩌면 예술에 조예가 깊었던 아버지의 도움 덕분에 그 당시 필자가 그렸던 그림이 같은 또래 학우들의 그림 수준과 달랐기 때문이라고 생각한다. 사실 초등학교 시절 미술대회에 딱 한 번 나간 적이 있지만 입상 소식은 아직까지 아무도 전해주지 않았으니 이제는 포기할 때가 아닌가 싶기도 하다.

그렇지만 콘텐츠에서 그림이라는 것은 매우 매력적인 요소이다. 그래서 포기하고 싶지는 않았다. 그 매력에 빠져 2010년에 혼자서 저녁시간 백화점 문화센터에서 개강한 캐리커처 수업에 등록해 열심히 캐리커처를 그려보기도 했다.

신문을 보면 만평이라는 것이 있는데 작가들은 하나 또는 3~4개짜리 그림 컷으로 많은 이야기를 보여준다. 그림을 보고 있노라면 만평은 그렇게 어렵다는 생각이 들지 않았다. 하지만 실제 캐리커처를 배우다보니 표정 하나하나, 동작 하나하나를 생각대로 표현하는 것역시 보통의 노력을 들여서는 쉽지 않구나 라는 것을 느끼게 됐다.

그래도 사람의 얼굴에 개성을 불어넣어 그릴 수 있는 능력은 참매력이 있다는 생각이 든다.

앞서 말해온 프로그램이나 기술을 모두 익히라는 얘기는 아니다. 필자 역시 하나의 프로그램이나 기술을 깊숙하게 따지면 모든 분야에서 전문적인 경지에 오른 것도 아니다. 다만 아는 만큼 보인다는 교훈을 상기하면서 콘텐츠를 만들 때 필요한 기술적인 요소를 직

접 해보지 않고 콘텐츠를 기획하는 것은 뭔가 빈틈이 많을 것이라
는 생각이 든다.

콘텐츠를 제작하게 되면 곳곳에서 벽에 부딪힐 수밖에 없다. 이
가운데 가장 심각한 부분은 각 분야별 소통이 안 돼 벌어지는 기
획의 충돌이다. 스스로 전문 분야의 기술을 익혀서 콘텐츠를 만들
수도 있지만, 일은 혼자 할 수 없는 법. 필요한 분야에 대한 전문가
들간 의견 대립은 콘텐츠를 만드는 데 쏟아왔던 정열을 모두 식게
만든다.

예를 들어 디자이너와 프로그래머 사이에는 보이지 않는 벽이 존
재한다. 이는 사고의 방법이 각각 다르기 때문인데, 그래픽 디자이
너는 디자인 작업 환경상 레이어 개념의 사고를 한다. 같은 무늬라
도 무늬만 그려 넣는 게 아니라 레이어를 뚫어 다른 색을 밑바탕에
배치하고 밑바탕 색이 구멍처럼 뚫려 있는 레이어를 통해 위로 나타
나게 하는 기술인 셈이다.

하지만 개발자는 그렇게 생각하지는 않는다. 프로그래밍에도 일
종의 레이어 개념이 존재하지만 꼭 그렇게 사고하지는 않는다. 색을
맞추더라도 해당 구간의 좌표 픽셀에 색이 들어가면 되고 이를 굳이
레이어 개념의 입체적인 구조로 생각하지 않는다.

이 같은 사고의 다름을 필자는 각자가 다른 언어를 쓰고 있다
고 생각한다. 그래서 각자가 쓰고 있는 언어를 습득해 통역하는 역
할을 해주는 것 또한 중요하다. 콘텐츠를 만들기 위한 전문 영역의
융·복합은 각 분야와 프로그램 등의 특성을 파악하고 그 차이를 줄

이는 데부터 시작해야하기 때문이다.

만능 테크니션은 모든 것을 다 전문적으로 해낼 수 있어야 한다고 생각하지 않는다. 콘텐츠를 만들어내고 콘텐츠의 특성에 맞춰 기획하고 결과물을 도출하기 위한 전제조건이라고 본다.

콘텐츠는 사람의 마음을 움직이고 산업의 방향을 바꿀 수 있는 힘을 갖고 있다.

그렇다면 각양각색의 사회 모습에 맞춘 콘텐츠를 설계해야 하는데 기술적인 면을 파악하지 않는다면 진정한 의미의 콘텐츠를 만들어낼 수가 없다. 혹자는 온라인 홈페이지 유입률을 높이기 위해 콘텐츠를 다양하게 만들어야 한다고 말한다. 그러면서도 예전 올드 미디어에서 유행했다고 믿는 코너를 도입하고 있는데 지금의 변화된 미디어 환경 속에서 결코 성공하기는 어렵다.

사실 콘텐츠는 검색 서비스와 포털 서비스에서 이미 풍부하게 제공되고 있다. 콘텐츠를 기획하고 제작하려면 새로운 환경에서 살아남을 수 있는 틈새시장을 찾든지 시장 선도형 아이템을 만들어내야 한다. 그러나 기술적인 요소를 간과한다면 이제는 그 자체로 올드미디어를 답습할 뿐이다.

기술은 콘텐츠에 날개를 달아줄 비장의 무기이다.

기술을 입힌 콘텐츠가 비로소 '뉴미디어'로 탈바꿈하는 것이다.

메모의 기술

　재즈 선율이 멀리서부터 들려왔다. 마치 실타래에서 풀려나온 실이 머릿속으로 빨려 들어오는 것처럼.

　실눈을 떠보니 벌써 아침인가?

　오전 7시 20분.

　스마트폰의 알람 음악을 재즈로 바꿔놓았더니 오히려 아침이 부드러웠다. 얼마 전까지만 하더라도 군 복무시절 '삐이~삐이~삐이' 하는 전투배치 경고음과 같은 알람소리를 설정해놓았는데, 지금은 그때보다 아침이 산뜻하다. 이미 만기 제대한 상황에서 아침부터 경직될 수는 없으니 말이다.

　오늘따라 너무 많은 꿈을 꾼 것 같다는 느낌이 들었다. 기억을 해내려고 하니 모래시계에서 모래가 빠져 내려가듯 순식간에 꿈에 대한 기억이 흩어져버렸다. 모험 속의 한 스토리였다는 생각만 들고 꿈속에서 한바탕 액션영화를 찍었다는 생각은 드는데 기억은 없었다. 머릿속이 새하얗게 변해버렸다.

　하지만 얼른 스마트폰을 켜 보았다. 메모장에 무엇인가 간밤에 잠시 깨어나 적어놓았다는 생각이 문득 들었기 때문이다.

메모장 앱을 실행해보니 '남녀가 나오는 어드벤처'라는 제목이 있었다. 옳거니 하고 해당 목록을 터치해보니 내용에는 이렇게 적혀 있었다.

'남녀가 나오는 어드벤처.
이상한 흰색 두루마리 같은 걸 입은 인도 친구, 배경은 사막.
기차.
이상한 미션 구조물.'

메모는 여기까지였다.

하지만 그제야 생각이 났다. 꿈속에서 모험을 하던 중이었다. 누구인지는 모르겠지만 한 여인도 일행에 합류해 모험을 하고 있었다. 그러다 사막에 다다르게 됐는데... 그곳에서 흰색 두루마리 같은 것을 걸친 인도계 늙은 남자가 무엇인가를 말했다. 뭐랬더라. 분명, 한국어는 아니었지만 말뜻을 알 수는 있었다.

"더 이상 가면 안 된다"

갑자기 기차가 나타났고 기차를 타고 어디론가 떠나다가 거대한 구조물을 발견했다. 아이들이 반동으로 뛰어오르는 '방방 덤블링'이었는데, 그 안에는 4~5명이 올라가 있고 그들을 모두 떨어뜨려야 다시 기차를 타고 떠날 수 있다는 규칙도 있었다.

그렇게 덤블링을 하다가 잠에서 깨어났다.

무슨 게임 같기도 하고, 사실 이 꿈을 꿨을 즈음에 게임 개발에 한창이었다. 게임에 관한 고전까지 읽어가며 게임의 흥미가 어디에 있을까 고민했던 때였다. 게임 배경도 판타지 같은 분위기를 많이 고민했었는데 그게 꿈에 그대로 투영되지 않았나 싶다.

한마디로 '개꿈'이었다고 얘기할 수 있을 것이다. 하지만 이런 꿈을 얘기하는 이유가 따로 있다.

사람의 기억은 무한할 수가 없다는 건 모두가 다 아는 사실이다. 잠시 단잠을 자던 중 꿈을 꾸고 깨어나더라도 거의 30초 이내에 꿈의 내용은 연상하기도 어려울 만큼 금세 연기처럼 사라져버린다.

하지만 무의식이 왕성하게 활동하는 동안이라도 스스로에게 도움이 될 수 있는 상황이 벌어질 수 있다는 생각 때문에 이를 어느 정도는 기억해내기 위해 태도를 바꿔야 한다. 그래서 메모하는 습관을 길러야 한다는 얘기다.

단순히 꿈 이야기를 적어보자는 얘기는 아니다. 순간 스쳐 지나가는 생각, 대화를 나누다가 상대방이 떠올린 색다른 아이디어, 길을 지나다가 알게 된 생활 속의 새로운 발견을 그냥 지나치지 말고 그때그때 메모해보는 것이다.

요즘에는 대부분의 사람들이 스마트폰을 가지고 있는 것 같은데, 좋은 앱도 많이 있다. 메모를 하기 쉬운 자신만의 앱을 통해 잠시 지나면 사라져버릴 생각을 담아보는 것이다.

그리 어렵지 않은 일이다.

다만 귀찮을 뿐이다.

필자의 경우, 직업이 기자이다 보니 메모는 습관이 돼 있다.

기자를 상징하는 것이 무엇일까?

그렇다. 바로 수첩이다. 기자수첩.

수첩이 없는 기자는 총을 가지고 있지 않은 군인으로 비유된다. 펜은 총알, 수첩은 총.

보통 메모라는 것을 생각할 때 사람들은 부담감부터 느낀다. 무엇인가 나에게 도움이 될 것이라고 생각되는 것들, 단어를 적어야 하는데, 글자를 적는 게 쉽게 적응이 되지는 않는다. 또 무엇을 적어야 할지 머릿속이 깜깜해질 수도 있다. 하지만 메모라는 것을 너무 어렵게 생각할 필요가 없다. 간단히 메모는 끄적거리는 것으로 생각하면 쉽다. 메모라는 것은 낙서와 큰 틀에서는 서로 떼어낼 수 없는 관계라고 생각한다.

메모에서 가장 중요한 것은 가장 함축적인 단어로 많은 내용을 담는 것이다. 요즘에는 기자들도 취재 현장에서 노트북을 꺼내들고 그대로 자판을 두드리며 곧바로 기사를 작성한다. 하지만 프레스룸이 아닌 현장에서는 노트북을 들고 다닐 수가 없다. 스마트폰이나 테블릿PC가 아무리 잘 나왔다고 하더라도 타이핑을 치거나 전자펜으로 급박한 상황에서 취재내용을 받아 적기에는 정말 벅찬 경우가 많다.

결국 수첩에 엄청나게 휘갈겨 써야 한다. 그래서 기자들 상당수는 악필이다. 취재 내용을 수첩에 적을 때 가장 효율적인 방법은 함축적인 단어를 많이 사용하는 것이다. 연차가 된 기자의 경우, 많은 내용을 모두 적지 않고 그 자리에서 필요한 말만 듣고 적거나 아주 짧게 단어로 표현한다.

그렇다면 예를 들어보자. 가장 급박한 상황을 자주 맞이하는 사회부 기자들의 경우를 살펴보자.

사건과 관련된 내용을 취재하는데 내용은 이렇다.

성이 김씨인 25살 남성이 1일 오전 5시에 대전 서구 둔산동의 한 상점에 침입해 500만원 상당의 귀금속을 훔쳐 달아났다는 내용이다.

간단하게 써보면, "1일 05. 김씨 25. 둔산동 500 귀금속."

사실 이렇게 간단하게 쓰지는 않는다. 요즘에는 사건 발생 일지나 검거 보도자료에 상세히 적혀 있기 때문에 이렇게 내용을 받아 적지 않아도 된다. 하지만 취재현장은 늘 변수가 많아서 수첩을 꺼낼 시간조차 없거나 펜이 없을 때 위와 같은 방식으로 간단하게 외운다. 그야말로 머리에 메모를 하는 것이다.

결국 메모란, 콘텐츠 제작을 위한 하나의 기록이라고 간단하게 생각하면 쉽다. 잊어버리지 않도록 아이디어를 적어두는 일종의 습관이다. 글로 메모를 해야 한다는 데 부담이 있다면 녹음을 하는 것도 좋다. 스마트폰을 꺼내들고 음성녹음을 하는 것이다.

좀 오래된 일이지만 강호동이 진행한 무릎팍 도사를 본 게 생각이 난다. '용감한 형제'라고 가수 손담비의 '미쳤어'를 작곡한 프로듀서가 출연했는데, 가수 오디션 프로그램에서도 심사위원으로 활약했던 사람이다.

무릎팍 도사에서 소개된 '용감한 형제'의 메모방식 중 하나가 음성녹음이었다. 직업이 프로듀서인 만큼 그때마다 생각나는 멜로디를 문자로 메모할 수 없는 만큼 음성녹음으로 멜로디를 남겨놓는다는 얘기다.

그렇다.

콘텐츠는 멀리에서 찾을 필요가 없다. 그동안 남겨놓았던 메모에서 찾으면 간편하다. 그 안에 콘텐츠가 이미 잠을 자고 있기 때문이다. 사소한 메모라도 혹은 낙서라도 그것들이 모이면 하나의 콘텐츠가 되는 것이다. 반드시 메모를 하는 습관을 길러야 하는 이유이다.

아직 메모가 익숙하지 않은 사람들도 이제는 낙담하지 말고 지금부터라도 시작해보면 좋다. 사소한 아이디어를 스마트폰 메모장을 통해 적어보자.

그렇다면 여러분은 오늘 하루를 어떻게 메모하고 기억하는가.

메모에서 우선적으로 빠지지 말아야 할 것은 시간이다. 메모를 한 시각은 메모 자체를 바라보는 시각과 메모를 통한 당시 주변 상황, 사회 모습을 유추해볼 수 있는 아주 중요한 단서이기 때문이다.

일기를 떠올려보자. 하루를 어떻게 요약하고 그 하루 동안 느꼈던 점을 적는데 이 역시 하루인 24시간을 모두 묘사할 수는 없다. 시간별로 내용을 정리할 수는 있지만 그것은 스케줄표지 일기는 아니다.

하나 정도의 주제로 하루 동안 벌어진 일 가운데 가장 중요도가 높은 얘기를 일기에 담는 게 정석이다. 24시간 가운데 가장 중요도가 높은 일은 특정시간대에 벌어진 그리 짧지 않은 사안이다. 그런데 정작 중요한 메모에 그 사안이 벌어진 시각을 적어놓지 않았다고 생각해보자. 2~3일 동안은 기억에 남아있을 수 있지만 단어만 있고 아무런 단서를 찾을 수 없는 메모는 나중에는 쓸모없는 낙서에 지나지 않을 것이다.

날짜와 시각은 그래서 메모에 가장 중요한 요소가 된다. 이는 메모의 시점을 파악할 수 있다는 면에서 중요하지만 메모를 통한 생각의 변화를 정리하는 데 유용하다. 하지만 수첩에 해당 일자를 적고 메모를 한다는 것은 요즘 같은 시대에 데이터 관리 치고는 너무 올드한 느낌이 드는 방식이 아닌가 싶다. 데이터는 다양한 형태로 가공하고 의미를 분석할 수 있어야 진정 데이터로서의 면모를 갖출 수 있다. 그렇기 때문에 스마트폰을 활용하면 괜찮을 것 같다.

그렇다고 일반적인 메모장 앱을 쓰지는 않았으면 좋겠다. 필자의 경우에는 구글 드라이브를 활용하고 있다. 구글 드라이브에서 설문지 방식의 포맷이 자동으로 일자를 적거나 항목을 분류하기에는 안성맞춤이라고 생각한다. 주관식 텍스트 방식의 질문을 만들 경우에는 결과적으로 문자를 기입하는 방식의 설문 답변이 가능하기 때문에 이 방식을 메모장으로 활용하면 된다. 설문지는 하나의 온라인 웹주소url로 되기 때문에 해당 사이트를 저장해놓거나 웹브라우저 앱의 첫 페이지로 등록해놓으면 손쉽게 이용할 수가 있다.

이렇게 되면 자동으로 일정에 따른 메모 관리가 쉽다. 응답 페이지를 보게 되면 날짜순으로 메모가 정리돼 있는 것을 확인할 수 있다. 여기에 욕심을 부린다면, 메모의 분야에 대해 선택형으로 설문을 덧붙이면 해당 메모 데이터 결과에 자신이 원하는 카테고리가 만들어진다. 그것도 선택형은 스마트폰에서는 단순 터치형 선택이기 때문에 메모 자체가 글을 쓰는 것이 아닌, 설문지가 되는 것이다.

메모의 형태는 이제부터 응용을 하면 보다 재미난 일에 활용할 수 있을 것이다.

메모를 하는 것은 사실을 그대로 적는 것이기도 하지만, 본인이 해야 하는 일을 기획하거나 방향성을 찾는 데 많은 도움을 준다.

예를 들면, 하루 종일 누구를 만났는지, 그와의 대화에서 어떠한 키워드를 찾았는지를 메모하다보면 무엇이 사람들에게 좋은 정보가 될 수 있는지, 또 향후 어떤 정보가 사람들의 손을 많이 탈지를 알 수 있을 것이다.

메모를 하는 일은 때론 그 자체가 하나의 일이 될 수 있다. 버릇처럼, 습관처럼 어떤 얘기를 듣거나 재미난 정보를 보게 됐을 때 메모한다면 오히려 그 자체가 취미가 되지 않을까 생각된다.

메모라 하더라도 모든 메모가 항상 쓸모가 있는 것은 아니다. 하지만 메모의 과정은 새로운 이슈를 만들고 내 삶의 패턴을 이해할 수 있는 중요한 행위이다.

귀찮게 무언가를 적고 저장해야 한다는 점에서 메모에 대해 부정적인 생각을 할 수도 있겠지만 하루가 아닌, 일주일, 더 나아가 한 달, 6개월 정도가 지나면서 쌓여 있는 메모의 데이터를 살펴보게 된 다면 분명 그때부터는 상황이 달라지게 된다. 자신의 메모 빅데이터 를 보게 된다면 어떤 느낌이 들지 상상해봤으면 좋겠다. 그야말로 매 우 흥미롭고 때론 경이롭다는 느낌을 받을 수 있을 것이다.

애플의 아이폰 앱 가운데 흰 배경 바탕에 붉은색 하트가 그려진 건강 앱이 있다. 그 앱을 보면 조금은 비슷한 느낌을 받지 않을까 싶 은데, 아무런 조작을 하지 않더라도 아이폰을 소지하고 걸어다닐 경 우, 걸어다닌 거리를 자동적으로 측정해 그래프로 보여준다. 오늘은 얼마나 걸었고 어제보다 얼마나 많이 또는 덜 걸었는지 그래프로 보 여주기 때문에 한눈에 내 상태를 알 수가 있다.

처음에는 하루 이틀 정보밖에 없어서 평균치를 구한다고 해도 큰 의미를 갖지 못하지만 이미 이 서비스를 활용한 지 수개월이 지난 현재, 재미난 결과를 살펴볼 수 있었다.

어느 정도 초반 1~2개월에는 걸어다니는 것이 즉각적으로 아이 폰에 기록되기 때문에 무의식적으로 걷는 시간이나 횟수가 늘어 차 츰 걷게 되는 거리가 늘어났다. 하지만 어느 새부터인가 아이폰에서 걷는 것을 자동으로 기록한다는 사실을 잊게 되면서 오히려 걷는 거 리가 짧아졌다. 그제야 '아 지금은 예전보다 움직임이 많지 않구나' 라는 생각을 할 수 있었다. 그리고 보니 최근 들어 몸무게가 늘어난 것 같다는 생각도 든다. 또다시 몸을 괴롭히며 걷는 거리를 늘려가 보기로 다짐을 했다.

이렇듯 빅데이터는 생각의 방향을 바꾸고 행동으로 이어질 수 있도록 돕는다.

그렇다면 메모를 통한 빅데이터는 무엇을 제공해줄 수 있을까?

그것은 당신들의 몫이다. 메모의 빅데이터에서 무엇인가를 얻기 위해서는 꾸준히 메모를 하고 의미를 파악해보는 것에서 시작된다.

그렇다고 필자가 말한 방법을 무조건 따를 필요는 없다. 다이어리를 활용하는 사람도 있을 것이고, 메모 앱을 활용하는 학생들도 있고, 또 다른 실용 앱을 이용해 자신만의 메모 패턴을 찾은 사람도 분명 있을 것이다.

그럼 이제부터는 그 메모를 효율적으로 콘텐츠 제작에 활용하면 된다.

글을 만들기 전에 가장 기본적인 글쓰기는 무엇일까. 필자가 기자이다 보니 기본 글쓰기는 기사쓰기가 아닐까 싶다. 기사의 기본형은 역삼각형이고, 가장 중요한 것을 먼저, 추가 설명은 뒤에 하나씩 붙이는 것으로, 기사 초년생일 때부터 귀가 닳도록 들어본 말이다.

올 들어 처음으로 수습기자들을 교육해봤는데, 이들은 언론재단의 수습 기사쓰기 교육을 받으면서 정말 화려한 기술이란 기술은 다 배워온 듯했다. 이 가운데 네러티브 기사쓰기를 통한 이들의 샘플 기사는 내용만 볼 때에는 여느 기자상 수상 기사의 글과 비교해봐도 손색이 없을 것 같았다.

하지만 가만히 들여다보니 있어야 할 것들은 **빠져버린** 채 감정만 실린 에세이 같았다. 본질은 표현되지 않았을 뿐만 아니라 사족만 많고 감정적인 어구만 늘어놓은 글이었다. 그때 필자가 수습기자들에게 한 말은 한 가지였다. 지금까지 배워온 화려한 글쓰기는 모두 잊고 가장 기본이 되는 기사쓰기를 해보라는 것이다.

필자 역시 아직도 가끔은 기사를 쓰면서 헤매기도 한다. 기사 쓰기는 어느 정도 수준에 도달했다고 술술 써지는 것이 아니다. 모든 기자들은 그들만의 기사체가 있고 그들이 잘 쓰는 어구가 있다. 기사를 살펴보면 적재적소에 들어맞는 그런 표현도 있고, 아직도 필자가 써보지 못한 단어를 찾을 때도 있다. 그래서 아직도 배울 것이 많다.

하지만 반대로 기본으로 돌아가면 모두가 비슷하다. 그것은 바로 네 가지 요소에 충실하기 때문이다. 필자가 간추린 네 가지 요소는 바로 리드, 팩트, 논거 및 이유, 전문가의 의견이다.

이 요소는 가장 간단한 스트레이트 기사, 그것도 단신기사의 요건이다. 기사를 쓰거나 읽는 사람들은 모두가 공감하는 요소라고 생각한다. 하지만 실제 기자 초년생들은 이렇게 간단한 것은 간과하고 좀더 화려한 글로 칭찬을 받길 원한다. 하지만 명심해야 할 것은 화려한 글 역시 이 네 가지 요소가 없으면 신뢰를 얻지 못한다. 독자가 외면할 수 있다는 것이다.

그래서 이 네 가지 요소에 충실하다면 좋은 기사, 좋은 글을 쓸 수 있다.

먼저 리드는 모두가 잘 아는 기사의 첫 문장으로 전체 내용을 함축해야 한다. 리드 잡기가 기사 쓰기에서는 가장 힘들다고 한다. 함축적이라는 것이 말은 쉽지만 실제 셀 수 없는 고민을 해야 하기 때문이다. 연습, 또 연습, 연습이 필요한 과정이다. 리드만 잘 만들어도 절반은 성공한 것이라는 선배 기자들의 얘기도 있다.

짤막하면서도 내용이 잘 표현된 리드가 있다면 다음으로는 팩트fact가 있어야 한다. 사실이라는 의미로 상황을 가장 객관적으로 표현할 수 있는 요소이다. 이를테면 시간, 장소, 대상, 행위 등이다. 팩트가 빠지면 기사라고 할 수가 없다.

그 다음으로는 팩트에 대한 논거 및 이유가 나와야 한다. 왜 이런 기사를 썼는가에 대한 해답이 될 수 있다. 다들 궁금할 것 아닌가. 왜 이런 기사를 썼는지 말이다. 그 이유에 대해서 간단하게 적어놓으면 그게 바로 네 가지 요소 중 하나가 된다.

마지막으로 이 내용에 신뢰감을 줄 수 있도록 모든 내용을 책임질 수 있거나 여기에 대한 설명을 충분히 해줄 수 있는 사람의 답변을 적어주면 하나의 기사가 마무리된다.

쉽지만 어렵다.

이 네 가지 요소만 잘 충족한다면 다른 기사는 문제가 없다.

다음으로 필자가 수습 기자들에게 요구하는 기사는 연관성이 있는 팩트를 3개 묶어서 하나의 기사로 쓰라는 것이다. 이러면 3가지 사실에 대한 공통점을 찾아 이것을 표현할 수 있는 리드를 쓸 것이고, 팩트 3개에 대한 이유로 내용이 좀 늘어날 것이다. 여기에 더 필요하다면 전문가 2명의 얘기를 써보면 어떨까. 한 명의 얘기는 기사체로, 다른 한 명은 기존대로 응답형으로 말이다.

이렇게 기사는 늘어난다. 다음부터는 네 가지 요소의 순서를 조금씩 바꾸면 된다. 팩트를 먼저 쓰고 보다 현장감 있는 언어로 바꾸면 르포기사나 네러티브 기사로 변형이 가능하다. 일부 논평이나 정치성 기사가 아닌 이상, 네 가지 요소를 가지고 잘 요리만 한다면 상당히 다양한 종류의 기사를 쓸 수 있다. 그런 다음에는 좀 더 부드러운 어조로 변형해 이야기를 모아 글로 구성하면 된다.

글쓰기에 대해 아직 어렵게 느껴진다면 신문을 들여다보고 아무 기사나 골라서 이 네 가지 요소가 있는지부터 확인해보면 좋을 것 같다. 그렇게 시작하면 된다.

콘텐츠 발굴법

메모라는 것은 가끔 잊혀지기도 한다.

어느 날 문득 스마트폰의 메모장을 살펴보면 엄청나게 많은 메모들이 규칙도 없이 나열된 것을 알게 된다. 처음에는 무조건 메모만 하면 그게 다 내 것이 되는 줄로 알았다. 하지만 시간이 흐르고 스마트폰을 새로운 기종으로 바꾸고 옛날 메모를 옮겨오면서 "아. 옛날에는 이런 재미난 생각도 했구나"라며 감탄하기도 한다. 멋진 아이디어를 메모해놓기만 하고 활용하지 않았다는 얘기다.

현재에는 이미 예전에 생각해놓았던 아이디어가 다른 사람의 콘텐츠에서 구현되고 있는데 단지 먼저 생각을 했다는 것으로 위안을 삼을 뿐이다. 아이디어가 바로 휴지통으로 던져지는 순간이다.

체계적으로 메모를 한다고 해도 실제 활용이 가능할 뿐 아니라 보다 혁신적인 결과물을 만들어내기에는 여러모로 부족한 면이 많다. 그래서 아이디어에 대한 구체적인 콘텐츠 가능성을 그때그때 마다 구현하는 습관을 길러야 한다. 자칫 쓸모도 없고 의미도 없고 그런 아이디어로 전락하지 않도록 신경을 써야 한다.

역시나 **콘텐츠는 메모에서** 나온다.

여름 휴가철 중국인 여행객들이 한국을 방문해 테마형 쇼핑 여행
을 즐긴다는 말을 들었다면 어떤 콘텐츠가 나올 수 있을까?

이미 얘기한 것처럼 누구를 위한 콘텐츠일까라는 질문을 먼저 던
져야 한다.

답은 뻔하다. 한국에서 테마형 쇼핑을 즐기려는 중국인 여행객
일 것이다. 쇼핑 패턴을 직접 살펴보고 인터넷을 활용해 중국인 여
행객들이 주로 가는 쇼핑몰이나 아이템을 검색한다면 쉽게 콘텐츠
로 만들 수 있는 아이템을 찾을 수 있을 것이다. 뭐 그리 어렵지 않
게 답이 나왔는데, 이렇게 하면 정말 수요자들이 즐겨 찾아볼 수 있
는 콘텐츠가 나올까?

아직은 아니다. 뭔가 부족하다는 생각을 지울 수가 없다.

일단 중국인 관광객이 콘텐츠를 보려면 중국어가 지원돼야 한다.
한국어로만 콘텐츠를 만들 경우에는 수요자에게 직접 콘텐츠가 전
달되지 않는다.

하지만 이 사안에서는 중국어 번역의 문제를 제기하는 것이 아니
다. 번역은 마음이 맞는 유학생이나 중국어 교육학과 학생의 도움
을 받으면 어느 정도 해결이 가능하다.

방향을 조금 다르게 생각해보면 어떨까?

수요자를 국내 유통업체 쪽으로 하자는 얘기다. 휴가철 중국인

들이 주로 찾는 패션 아이템을 비롯해 중국인들의 소비 패턴 분석 등을 얘기하는 것이다.

온라인에서 찾아봤던 내용 중에 중국인들의 소비 패턴을 분석한 이야기가 생각이 난다. 중국인들의 소비 패턴에는 5가지의 특성이 있다고 한다.

첫째는, 중국인들은 소비 이전에 저축에 관심을 많이 보인다고 한다. 그 어느 상황보다 돈이 없는 것을 두려워한다는 게 이유라는 것이다.

둘째는, 신뢰를 통한 소비를 중요하게 생각한다. 흔히 말하는 '꽌시关系'라는 말은 우리말로 바꾸게 되면 관계라는 말이다. 그러한 관계를 중요시하기 때문에 광고나 상대방이 말하는 내용은 귀를 기울이지 않는다는 것이다.

셋째는, 소황제 소비문화를 손꼽을 수 있다. 중국에서는 한 가정에서 한 자녀만을 낳아 길러야 한다는 정책 때문에 자녀에 대한 애정이 각별하다는 의미에서 '소황제'라는 말이 나온다. 그렇다보니 아이나 자녀에 대한 좋은 상품이 나오기라도 하면 불티나게 팔린다는 얘기다.

넷째는, 선물문화인데, 중국에는 기념일이 많아서 기념일을 기리며 상호 선물을 하는 게 익숙해져 있다. 서로 선물을 통해 관계가 가까워지기도 해 선물용 상품이 인기를 얻는다고 한다.

마지막으로 체면문화를 들 수 있다. 중국인들은 현실적인 면보다는 체면을 위해 더 고급스러운 물건을 선호한다는 얘기다. 필자 역

시 중국을 방문했을 때 도로 위에서 다양한 외제차를 앞세운 웨딩
행렬을 본 적이 있다.

우리나라의 경우에는 결혼식을 마친 신랑 신부가 신혼여행을 떠
나기 위해 화려하게 장식한 웨딩카를 타는 것이 일반적인데, 중국
에서는 그렇지 않다고 한다. 결혼식을 올린 신랑 신부를 과시하기
위해 값비싼 고급 외제차를 여러 대 동원해 결혼을 알린다는 것이
다. 그만큼 중국인들의 체면문화는 소비 패턴에서도 강하게 작용한
다고 들었다.

이러한 소비패턴을 이용한 중국인에 대한 상가의 변화, 상품의 변
화, 진열의 변화 등을 알아본다면 국내 수요자들의 관심을 살만한
콘텐츠가 나올 것이다. 수요자 계층을 중국인 관광객이 아닌, 이들
을 공략하려는 기업이나 상가로 설정하게 되면 이후 콘텐츠를 활용
한 비즈니스 모델까지 구현해낼 수 있다. 처음에는 시장을 멀리서 찾
기보다 가까운 곳에서 찾는 것이 수월하다.

그렇기 때문에 콘텐츠는 그저 만들기만 하는 게 아니라, 만든 뒤
에 어떻게 활용될 수 있을지, 어떤 수요자들이 유용하게 사용할 수
있는지, 어떤 분야에서 수익을 가져올 수 있을지 등 다양한 관점에
서 살펴보며 만들어야 한다.

좋은 콘텐츠를 발굴해 내기 위해서는 여러 가지 기술을 적용할
줄도 알아야 하고 다양한 이슈에 대해서 조사하고 고민해봐야 한
다. 다만 그런 방법보다도 좋은 콘텐츠는 공감을 갖는 아이템으

로 만들어야 한다는 점을 잊지 말아야 한다. 콘텐츠가 다른 사람으로부터 공감을 받는다면 그것만으로도 좋은 콘텐츠 제작을 완료한 것이다. 따로 할 일이 없다.

하지만 어떻게 하면 공감을 얻을 수 있을까?

이게 문제다. 공감 가는 콘텐츠에 대한 고민은 모든 언론인과 작가, PD, 콘텐츠 기획자들의 하나같은 고민일 것이다. 이 고민을 어느 정도 해결하기 위해 필자는 콘텐츠와 소비자 간의 관계성에 대해 살펴본 적이 있다.

그동안 수많은 기사를 쓰면서 필자는 다양한 사회 현상을 기자의 관점에서 살펴봤다. 일종의 저널리즘이라는 추상적 가치를 녹인 시각이라고 정당화하면서 말이다. 언론에서 이와 같은 시각은 매우 중요하다. 저널리즘과 중립적 시각 등 한쪽으로 치우치지 않은 사실적인 논리를 펴야 하기 때문이다.

한편으로는 그러한 시각에 질문을 들이대기도 했다. 저널리즘의 보호막 속에서 나만의 시각으로 바라본 것이 사회가 바라보려고 하는 시각일까라는 질문이다.

정답은 '서로 일치하지 않는다'이다.

회사에서는 그 기사를 보기 위해 홈페이지를 얼마나 조회했는지 확인할 수 있는 시스템을 제공해주고 있다. 기사에 대한 조회수를 살펴보면 어떤 경우에는 얼굴을 들 수 없을 정도의 터무니없이 낮은 조회수를 확인할 때도 있었다. 나름 좋은 정보라고 생각해서 취재를 하고 기사를 작성한 것인데도 사람들은 그 기사에 대해 관심을 갖지 않았다는 얘기이다. 결국 기사의 수요자라고 생각했던 그들의 관심사를 필자가 제대로 들여다보지 않았다는 점에서 조회수가 낮은 기사를 생산했던 것이다.

앞서 얘기한 것처럼 수요자가 문제인데, 필자는 수요자에 대한 문제를 직접 그들에게 물어보는 방식으로 풀어봤다. 당시에 필자는 건설부동산분야를 취재하고 있었다.

중도일보 온라인 뉴스룸 코너가 만들어질 수 있도록 한 콘텐츠로 제목은 '이경태 기자의 부동산Q' 연재 보도를 시작했다. 부동산과 재테크에 대한 정보를 단순히 기사체가 아닌 부드러운 어조의 글로 제공할 뿐만 아니라 제목에서도 그렇듯 질문Question의 약자인 'Q'를 사용했다. 말 그대로 물어서 취재를 하겠다는 의미였다.

그렇다면 누구에게 묻는 게 좋을까?

그 대상을 온라인 커뮤니티에서 찾았다. 대전에서 온라인 활동을 활발하게 하는 주부들의 모임 카페와 대전 및 충청권에서 많은 사람들이 몰려드는 부동산 카페를 통해 질문을 받아보기로 결심했다.

뒤편에 보다 자세하게 기술적인 측면에서 설명하겠지만 해당 커뮤니티에서 기사를 올리고 또다시 링크를 통해 질문을 하는 과정에서 그동안 알지 못했던 기사 수요자들의 관심거리를 찾을 수 있었다. 기사에 대한 수요자들의 반응을 읽어보고 그에 맞춘 취재를 하면서 수요자들이 호기심을 갖는 정보에 접근하려고 노력했다.

이러한 과정은 수요자와 기자와의 관계를 가깝게 할 뿐더러 취재해 작성한 기사에 대한 반응과 수요자들의 궁금증을 함께 알아가는 방식으로서 '피드백 뉴스Feedback News'라는 개념이 일련의 과정과 결과를 뜻한다고 볼 수 있다.

그렇다면 이제는 새로운 콘텐츠를 발굴할 때 조금은 도움이 될 수 있지 않을까 생각한다.

먼저, 관심 집단을 찾는 게 중요하다. 그런 다음에는 관심 집단이 원하는 정보의 분야를 파악해야 한다. 이미 관심 집단을 찾으면서 어떠한 정보가 그들에게 도움이 될 수 있을지를 가늠했을 것으로 믿는다.

그렇다면 실제 어떠한 정보에 관심 집단의 구성원들이 반응하는지를 살펴야 한다. 이는 관심 집단의 구성원들에게 설문을 하거나 그들이 주로 이용하는 커뮤니티에서 조회수가 많은 이야기가 무엇인지, 또 어떤 키워드에 반응하는지를 면밀하게 분석하면서 찾아낼 수 있다. 최근에는 카페에서 키워드 검색을 하게 되면 구성원들이 주로 무슨 정보에 대해 언급을 많이 했는지 알아낼 수도 있다. 이러한 정보를 분석한다면 수요자들이 좀 더 관심을 가질 만한 콘텐츠를 발굴하고 생산해낼 수 있다.

자칫, 수요자들이 원하는 정보만을 주는 아주 편협한 콘텐츠가 되는 것은 아니냐는 질문이 나올 수도 있다. 다시 원점으로 돌아간다면 그동안에는 콘텐츠 생산자들이 일방적으로 콘텐츠를 제공했기 때문에 수요자들이 무엇을 원하는지 물어볼 필요가 없었다. 하지만 수요자들이 원하는 것을 직접 물어본다는 것이 수요자들 입장에서는 그다지 편협하다고 볼 수는 없다.

최근 포털 서비스와 외국계 SNS 등을 살펴보면 뉴스와 정보를 사용자의 관심사에 맞춰 제공하는 추세다. '사용자 맞춤형 콘텐츠'라고 말할 수 있다. 필자 역시 당초에는 이러한 점을 그다지 좋지 않게 생각했다. 신문의 관점에서 보면 신문 지면에 편집하고 뉴스 밸류에 따라 톱기사, 센터 기사, 사이드 기사 등을 골라 보여준다는 것은 저널리즘을 반영한 신문의 고유 역할이라고 생각했기 때문이다.

하지만 일반 독자들은 이제 신문의 편집의도를 의심할 뿐더러 새로운 방향에서의 편집을 선호하기도 한다. 신문은 사용자 맞춤형 콘텐츠하고는 시스템상 거리가 있다. 그렇다보니 구독자 역시 감소하는 것이고 이러한 악순환을 끊기가 쉽지 않는 게 현실이다.

기존 종합일간지는 말 그대로 모든 독자들을 위해 몇 개 되지 않는 방식의 지면을 제공한다. 지역지는 1~2개 정도의 편집을 다르게 하는 한편, 전국지는 그나마 제작 시간에 따라 어느 정도 다르게 편집된 신문을 제공하기도 한다. 하지만 거기까지이다. 완벽하게 모든 독자 맞춤형 신문을 제작해서 배달할 수가 없다. 물리적으로 불가능한 이야기다. 게다가 모든 독자들은 자신만의 관심사가 각기 다르다. 일부 관심 분야가 같더라도 세부적으로 따져본다면 다른 인물, 다른 이슈에 관심을 갖고 있기 때문에 모든 독자의 관심사가 일치한다고 보기는 어렵다.

이러한 물리적인 아쉬움을 인터넷 서비스 업체들은 사용자 맞춤형 서비스로 풀어주고 있다. 이들은 사용자가 검색한 이슈에 대한 뉴스를 주로 보여주거나 특정 뉴스를 본 사람들이 주로 본 뉴스를 추천해주는 방식을 택하고 있다. 또 즐겨보는 뉴스의 성격을 파악하고 이와 관련된 이슈나 아이템을 검색해 다음부터는 그에 맞는 뉴스만 제공하는 서비스도 제공되고 있다.

일반 언론사의 온라인 미디어팀에 속하지 않는다면 너무 많은 분야와 관심사에 대해서는 수요자가 일정하지 않기 때문에 신경을 쓰지 않는 게 더 낫다. 자신이 지속적으로 콘텐츠를 생산해 낼 수 있는 분야와 그 수요자에 대한 충분한 검토가 우선된다면 그 자체로 콘텐츠를 발굴할 준비가 돼 있는 셈이다.

콘텐츠 제곱의 법칙

콘텐츠에도 수학을 적용하나?

이번 소주제를 보면서 아마 이런 생각을 했을 것이다. 필자가 중고등학교 시절 수학에 대한 관심이 다른 학우보다 많았다. 수는 여러 분야에서 활용될 수 있는데, 엑셀을 통한 빅데이터 분석을 할 때에도 유용하다.

수에 대한 이야기는 잠시 미루고 콘텐츠는 콘텐츠인데 왜 제곱의 법칙이 적용되는지에 대해 궁금하리라 본다. 이 법칙은 수습 기자들에게 교육을 할 때에도 얘기를 해주는 것인데, 나름 기사를 작성하거나 콘텐츠를 제작하던 중 무엇을 해야 할지 막막할 때 적용해보면 좋다.

콘텐츠 제곱의 법칙은 콘텐츠라는 것은 대게 짝을 이루고 있다는 점에서부터 시작해야 이해가 된다. 달리 말하면 '예'와 '아니오'가 될 수 있으며 '이거 아니면 저것'이라고 할 수 있는 일종의 가능성을 얘기한다고 볼 수 있다.

흔히 이러한 콘텐츠는 선거와 관련된 기사에서 찾아볼 수 있다.

A 후보와 B 후보가 막판 개표에서 치열한 접전을 치르며 지지자들의 손에 땀을 쥐게 하고 있는 상황을 생각해보자.

이미 다른 지역에서는 표 차이가 커 당선자를 짐작할 수 있지만 접전 속에 득표수가 앞서거나 뒤서거니 할 경우 기사를 쓰기가 참 애매하다. 누가 승리할지 장담할 수 없기 때문이다. 이처럼 기사 마감 시각은 이미 지났고 당선 결과는 확실하지 않을 때가 가장 당혹스럽다. 너무 늦어버리는 경우에는 '몇 시 현재'를 써 해당 기준 시각의 상황을 알려주기도 한다. 결과를 장담할 수 없기 때문에 괜히 모험을 걸 수 없기에 안전한 방법을 찾는 것이다. 그렇다고 오보를 낼 수도 없는 상황이어서 이해할 수가 있다.

인터넷 기사라면 시각의 제한이 없기 때문에 늦게라도 정확한 결과가 나오고 기사를 쓰면 되지만, 내일 아침 신문에는 이미 당선자는 나왔지만 당선자의 이름을 확실히 알려주지 못하는 뉴스를 제공할 수밖에 없다. 이렇게 되면 신문사로 돌아오는 것은 구독자들의 차가운 시선뿐이다. 이미 알고 있는 이야기를 확실치 않게 가능성만 얘기하는 꼴이어서 신문의 역할을 의심케 할 수도 있는 것이다.

일부 언론에서는 편집국장이나 데스크가 강심장을 갖고 있어 소신껏 당선자를 결정짓고 보도를 한다. 이게 맞는다면 상대적으로 다른 경쟁신문과 비교해 정보가 빠른 언론이 될 수도 있지만 반대로 틀린다면 오보를 했다는 불명예는 물론, 당선자로부터 미움을 받을 수도 있는 노릇이다. 그렇기 때문에 긴박한 상황에서는 2개의 기사를 모두 만들어놓는다. A 후보가 당선됐을 경우와 B 후보가 당선됐을 경우에 대한 2가지 결과를 놓고 기사를 써놓을 수밖에 없다. 마감 시각은 기자를 기다려주지 않기 때문이다.

그럼 당선됐을 때만 기사가 될까?

그렇지 않다. 그래서 A 후보가 낙선했을 때나 B 후보가 낙선했을 때와 관련된 기사도 나올 수가 있다. 2개의 기사에서 이미 4개의 기사로 기사수가 2배 늘어난다.

그럼 또 어떤 기사가 나올 수 있을까?

당선을 했다면 당선 소감이 있을 것이고 당선할 수 있었던 전략에 대한 얘기도 나올 수 있다. 낙선자에게서도 낙선에 따른 심경과 앞으로의 진로를 물어볼 수 있다. 이렇게 되면 벌써 전체 기사는 8개나 된다.

기사는 상황에 맞춰 2개로 분류될 수 있고 진행되는 상황에 따라 2개 이상의 콘텐츠를 새롭게 낳는다. 콘텐츠를 만들어낼 때 분명 새로운 글감이나 이슈에 대한 데이터 등 다양한 자료를 참고해야 하는 것은 당연한 일이다.

하지만 이렇더라도 막상 콘텐츠를 생산하는 데 어려움이 뒤따른다면 '콘텐츠=2^x'이라는 콘텐츠 제곱의 법칙을 반드시 적용해보길 바란다.

콘텐츠 제작 10계명

콘텐츠 제작은 기존 언론사의 기자들도 마냥 쉽다고 할 수도 없고 온라인 미디어를 운영하는 미디어 담당자들 역시 항상 어려움을 겪는다.

인포그래픽이 대세라고 해서 지역의 다양한 통계를 인포그래픽으로 제작했지만 기사 조회 순위에는 쉽사리 오르지 못한다. 때론 연예 기사는 물론, 최근 '핫'하다고 하는 이슈를 분석해보고 나눠보고 뒤집어 봐도 클릭수 역시 늘어나지 않는다.

콘텐츠라는 것은 어찌 보면 '대박'이라는 말과는 거리가 있어 보인다. 수없이 검색 결과에 노출되는 동일한 단어가 포함된 기사와 비슷한 기사들의 '레드 오션' 속에서 클릭수에 대한 승부를 내기에는 현재 상황은 암울하기만 하다.

뉴미디어팀 한 기자는 언론사 경영인들이 요구하는 조회수 높이기가 이제는 한계에 도달했다며 한숨을 내쉬기도 한다. 이런 환경에서 콘텐츠를 제작한다는 것은 헛된 노동은 아닐까라는 생각마저 든다.

하지만 이럴 때일수록 콘텐츠에 대한 끊임없는 고민과 다양한 시도가 필요하다. 이를 위해 필자는 콘텐츠를 제작하는 데 반드시 가져야 할 자세 10가지를 설명하고자 한다.

자신감 갖기

기자들도 기사를 쓰면 다음날 아침 비난이 날아올지 아니면 찬사가 날아올지 무척이나 궁금하면서도 걱정스럽다. 자칫 오보라도 나오는 날이면 그날은 하루 종일 운이 없는 날처럼 우울하기까지 하다.

사실, 오보를 한두 번 낸 것도 아니지만 지금껏 가장 많이 생각나는 오보는 부동산 기사였다. 수습 딱지를 떼고 정식 기사를 작성하던 때 부동산 기사를 취재한 것으로 기억이 난다. 지금은 3.3㎡당 가격을 표기하지만 당시만 하더라도 1평당 가격을 표시했다.

당시에 대전의 한 아파트 가격에 대해 설명하는 기사였는데, 자료를 토대로 열심히 쓰고 무사히 데스크의 기사 확인이 끝나 다음날 신문에 기사가 올랐다. 오전에 회사에 들렀다 취재 현장으로 나섰는데 모르는 전화번호로 전화가 온 것이다. 제보 전화는 아닐까라는 생각에 휴대전화로 응답했는데 그 안에서는 "독자인데요, 궁금한 것이 있어서 전화했습니다"라는 한 남성의 목소리가 들려왔다.

그 남자의 말을 요약하자면 기사에서 1평당 가격이 어떻게 6500만원이냐는 것이었다. 그때 이후 10년이라는 시간이 지났지만 지금도 3.3㎡당 6500만원은 비현실적인 분양가이다.

순간 필자는 얼어붙는 기분이 무엇인줄 제대로 알 수 있었다. 그러면서도 등줄기에는 차가운 땀이 흐르고 있는 것을 느꼈다. 초보 기자로서는 그 당시 오보에 대한 충격은 쉽게 떨쳐내지 못했다. 그래서 지금도 숫자만 나오면 그 트라우마 때문인지 0의 개수를 다시 세어보는 버릇까지 생겼다.

한 번 실수를 하다 보니, 당시에는 기사를 쓸 엄두조차 나질 않았다. 이러한 오보는 숫자가 아닌, 다양한 콘텐츠에서도 나올 수 있다. 뿐만 아니라 요즘에는 저작권이라는 함정이 곳곳에 도사리고 있다.

사실 우리가 만드는 상당수의 콘텐츠는 저절로 나올 수가 없는 콘텐츠이다. 무엇인가 영향을 받고 어떤 사진과 비슷한 콘셉트가 나오고 즐겨 보던 디자인이 문득 자신의 콘텐츠에 얹혀 있는 것을 확인하고 있기 때문이다. 더구나 한 번 저작권에 대한 지적을 받게 되면 콘텐츠 제작 시 위축되는 경우가 허다하다.

그러나 이런 상황에서도 새로운 콘텐츠는 끊이지 않고 생산된다. 저작권이라는 강력한 무기가 있지만 오히려 콘텐츠는 그 틈을 잘도 피해 생산되는 것이다. 아직도 통신사의 글과 어느 정도 문장의 배열이나 단어의 순서가 비슷하다 싶으면 다음날 저작권을 침해했다는 경고가 접수된다.

정말 팩트만을 가지고 기사를 썼지만 기사를 쓰는 패턴이 비슷할 경우, 저작권 침해라는 오해를 받기 십상이다. 하지만 이를 피할 수 있는 방법은 실제 취재를 했는지 여부이다. 취재를 한 내용이기 때문에 베껴 쓴 것이 아니라는 것을 증명할 수가 있다.

콘텐츠 제작에 대한 자신감을 갖는 것은 일종의 자기 증명이라고 볼 수 있다. 콘텐츠가 다소 부족할 수도 있지만 그 빈틈을 채울 수 있는 것은 자신감 있는 콘텐츠 제작 자세이다. 또한 잘못된 것에 대한 간결하지만 진심어린 반성과 수정도 자신감 없이는 나올 수가 없다.

관찰하기

콘텐츠를 내놓는 사람들이 해야 할 것은 첫째가 관찰, 둘째가 관찰, 셋째가 관찰이다. 관찰만큼 콘텐츠를 만들 때 중요한 소스를 주는 것이 없다.

예전에 어머니께서 한 방송사 프로그램의 다큐멘터리를 말씀해 주셨던 것이 생각난다. 한 젊은 방송국 PD가 관찰을 통해 만들었다는 다큐멘터리는 개미에 관한 내용이었다. 마당 구석에서 무엇인가 시커면 것들이 바글바글한 채 쉴 틈 없이 움직이는 것이 죽은 풍뎅이를 해체하고 운반하는 개미였다. 그 PD는 그저 스쳐지나갈 수 있을 법한 개미의 일상을 담백하게 영상으로 표현해냈다. 특별할 것도 없었다. 유명인의 내레이션도 나오질 않는다. 하지만 콘텐츠의 소재를 개미에서 찾은 그는 나른한 오후를 개미의 역동적인 활동으로 표현해서 어머니에게 새로운 감동을 선사했다.

관찰하기는 그 정도로 새로운 콘텐츠를 만들어낼 수 있는 동기를 부여한다.

만약 점심시간에 약속이 취소되거나 혼자만 아는 지인의 결혼식에 갔다면 당신은 식당에서 어느 자리에 앉겠는가?

일부 지인들에게 물어보니 밥 먹는 것에 집중하기 위해서 사람들을 등지고 앉을 수 있는 자리를 찾는다고 한다. 하지만 필자는 반대이다. 구석에 있는 식탁을 찾아 들어가 홀을 바라보고 앉아 밥을 먹고 반찬을 먹듯이 사람들을 살핀다.

뷔페에 가면 꼭 느낄 수 있는 것이 사람들의 옷 색상이다. 어디선가 사람들의 옷 색상이 회색과 검정색 계열의 무채색이면 경기가 좋지 않고 밝은 색으로 색상이 화려하다면 경기가 좋은 것으로 파악한다는 말이 생각난다. 그렇다보니 옷 색상을 보는 것은 기본이다. 또한 표정을 비롯해 어떤 일행과 같이 오는지 등을 살펴본다.

애플의 창업자인 스티브 잡스 역시 자신을 관찰자로 소개했다고 한다. 우리가 살아온 삶의 패턴을 획기적으로 바꿔버린 그는 수많은 사람들의 생활 패턴을 관찰했다고 한다. 어떻게 휴대전화를 사용하는지, 어떤 때 MP3 플레이어로 음악을 듣는지 등은 아마도 아이폰을 만들어낼 수 있었던 기본적인 관찰이 아닐까 생각된다.

관찰을 수없이 하게 되면 그 안에서 새로운 빅데이터를 찾아낼 수가 있다. 엄마는 아이의 울음소리만을 듣고도 아이가 무엇을 원하는지 알아낼 수 있다고 하지 않는가. 필자 역시 상당 시간 육아에 참여하기 때문에 아이가 내는 울음소리의 차이를 조금은 파악하고 있다. 배가 고플 때, 졸릴 때, 몸이 불편할 때와 같은 상황의 울음소리에 대해 아이들마다 각기 다를 수 있지만 수개월 동안 함께 살아

본 결과, 내 아이의 세 가지 울음소리는 필자 역시 분간해낼 수 있을 것 같다.

계속된 경험치의 반복을 관찰을 통해 수집하고 공통적인 행동이나 표현이 어떤 행동과 연결되는지를 파악하는 것이 관찰의 기본이 아닐까.

멀리보기

기자 초년생일 때 한 선배의 말이 생각난다. '사안을 바라볼 때 나무를 봐야 할 때도 있지만 숲을 바라봐야 할 때도 많다'는 말이다.

관찰이 끝나면 콘텐츠와 미디어의 방향성을 다시 살펴야 한다. 세밀한 부분까지 사안을 살펴보고 콘텐츠의 성격을 따져야 하지만 단발성의 콘텐츠보다는 연재가 가능한 콘텐츠를 만들기 위해서는 보다 큰 그림을 그릴 줄 알아야 한다. 상당수의 콘텐츠는 당장의 상황을 조명하기에 바쁘다. 당장의 표정과 반응, 일어난 상황 설명 등은 현재시제를 담아내기엔 충분한 콘텐츠들이다. 하지만 이러한 콘텐츠가 보다 가치가 있는 콘텐츠로 성장하려면 콘텐츠의 미래시제를 먼저 생각해봐야 한다. 현재의 결과를 결론으로 내리지 말고 현재는 과정이고 내일은 또 다른 결론이 생길 것이라는 생각을 먼저 해야 한다는 말이다.

한 매체에서 소개된 가족의 사진이 생각난다. 가장인 한 아버지는 자신의 자녀들과 해마다 같은 날, 같은 장소에서 사진을 찍어왔다. 그러한 사진이 10년이 지나고 20년, 30년이 지나자 정말 그들에게는 어느 사진들보다도 소중한 자신들의 역사를 담은 감동적인 사진첩이 생겼다. 사진 속에서는 아버지와 자녀들이 나이를 먹어가는 과정이 고스란히 담겨 있다. 아마 그 아버지는 처음 사진을 찍을 때 미래의 변해가는 모습이 담긴 사진첩을 생각했을 것이다. 이렇게 멀리 보는 습관을 들이면 생각지 못한 가치를 발견할 수 있다.

그렇다고 10년, 20년에 걸쳐 연계된 콘텐츠를 만들라는 것은 아니다. 콘텐츠의 표현 방식은 하루가 다르게 달라진다. 예전에는 찰라의 순간을 포착하는 사진이 인기를 얻은 적이 있다.

하지만 지금은 어떠한가. 'GIF'라는 그림파일은 움짤_{움직이는 짤막한 방송}이라는 새로운 콘텐츠를 탄생시켰다. 동영상 파일이 용량이 큰 것에 반해 GIF 파일은 적은 용량으로 동영상에 버금가는 효과를 얻을 수가 있다.

콘텐츠를 만들 때 멀리 봐야 하는 이유가 바로 여기에 있다. 향후 어떠한 콘텐츠 제작 방식이 콘텐츠 수요자들에게 인기를 끌 수 있을지 예상해봐야 한다는 얘기다. 확신할 수는 없지만 새로운 방식의 시도를 통해 콘텐츠의 모습을 바꿔나갈 수 있기 때문에 시간이 지나 보다 흥미로운 콘텐츠를 분명 만들어낼 수 있을 것이라 생각한다.

열린 마음 갖기

콘텐츠를 만드는 사람들이 항상 저지르는 실수가 있다. 무엇인가 하면, 바로 고집이다. 자신만의 가치를 만들기 위해 콘텐츠의 방향을 정할 때 고집이 없으면 이야기는 그저 횡설수설, 무미건조한 콘텐츠에 불과할 것이다. 하지만 자신의 생각에 대한 맹신은 콘텐츠를 만들고 미디어를 기획하는 사람들에게는 일종의 금기어이다. 콘텐츠는 다양한 프로그램으로 제작되며 새로운 아이디어는 혼자서 만들어낼 수가 없는 일이다. 인터넷 시대를 맞아 콘텐츠를 바라보는 시각은 천차만별이다.

한 그림이 생각난다. 집중해서 보면 젊은 여인의 모습으로 보이지만 약간 다른 관점에서 바라보면 한 노파의 옆 얼굴로 보이는 그림이다. 많은 사람들이 한 번쯤 이 그림을 봤을 것이다.

관점의 차이는 콘텐츠에 있어서 무엇보다도 중요하다. 제작하는 사람 입장에서도 이 관점의 차이는 또 다른 가치를 만들어낸다. 기사를 쓸 때에도 한 공공기관에서는 자신들의 업적에 대한 보도자료를 작성해서 배포했지만 꼭 누군가는 그 자료를 비틀고 뒤집어 쓰기도 한다. 그만큼 보는 사람에 따라서는 콘텐츠는 바로 보이기도 하지만 뒤집혀 보이기도 한다.

내가 가진 배경지식과 내용이 다른 콘텐츠 제작자가 존재할 수 있으며 이들의 콘텐츠가 미디어 시장에서는 더 인기를 얻을 수도 있다. 그렇기 때문에 콘텐츠를 만들겠다는 사람이라면 자신의 콘텐츠가 최고라는 맹신을 버려야 한다. 콘텐츠는 상황에 따라, 시간에 따라 무수히 변화하기 때문이다.

타이밍 맞추기

콘텐츠는 누가 뭐라 해도 이용하는 사람들이 필요하다고 생각할 때 가장 빛이 난다. 분야별로 관심사가 제각기 다르지만 그보다도 중요한 것이 타이밍이다. 타이밍은 콘텐츠에 있어서 핵심이 되는 요소이다.

이미 많은 매체에서는 이 타이밍이라는 것의 중요성을 알고 있기 때문에 온라인 뉴스팀을 만들어 실시간 검색어와 연관된 기사를 뽑아낸다. 이 역시 포털 사이트에서는 싫어하는 행위이긴 하지만 온라인 이용자들의 유입률을 높이기 위해서는 어쩔 수 없는 방법이라고 많은 매체는 핑계를 댄다. 하지만 콘텐츠는 단순히 뉴스에 국한되지 않기 때문에 정말 제대로 된 콘텐츠 기획자 또는 미디어 기획자라면 타이밍을 서비스에 접목시켜야 한다.

사실 온라인 뉴스 사이트에서 서비스라고 하는 것은 정보를 빨리 전달하는 것이 최선이다. 뉴스 역시 새로운 것에 독자들이 끌리는 것처럼 이러한 새로운 정보를 보다 신속하게 내놓는 방법을 고민해야 한다.

필자는 이 타이밍을 맞추기 위해서 회사의 온라인 뉴스 홈페이지에서 제때 국민들의 궁금증을 해소할 수 있는 서비스를 제안했다.

2011년 3월께 일본 후쿠시마 원자력 발전소가 폭발한 사고를 많은 사람들이 기억하고 있을 것이다. 당시 도호쿠 지방 태평양 앞바다에서 지진이 발생해 원자로 1, 2, 3, 4호기의 냉각 기능이 상실돼 노심이 용해되는 등 방사능이 누출된 사고였다. 제1원자력 발전소의 경우에는 아직도 강한 방사능으로 접근이 불가능하다. 당시 국내에서는 자칫 후쿠시마 방사능이 번져오는 것은 아니냐는 두려움이 확산될 때였다.

이에 맞춰 필자는 대전 유성구 대덕연구단지에 위치한 한국원자력안전기술원KINS으로 달려갔다. 한국원자력안전기술원이 운영하는 국가환경방사선 자동감시망ERNet에 하루 방문자 수가 당시 3월 1일 21명이었던 것에 비해 15일에는 11만 378명으로 급증했기 때문이다. 보름 만에 방문자수가 5256배나 늘어난 것이다. 이러한 사람들의 관심사를 놓치고 싶지 않았다.

원자력안전기술원 홍보팀에 해당 정보를 온라인 홈페이지에 연동시켜 게재하고 싶다고 요청을 했다. 하지만 당시 지역지에 해당 소스를 말 한 마디로 제공해주는 것에는 한계가 뒤따랐다. 알아본 뒤 연락을 주겠다는 답변을 받고 되돌아올 수밖에 없었다. 이후 2시간여 뒤에 돌아온 대답은 어렵다는 것이었다. 그러면서 N 포털 사이트에서도 그런 서비스를 하겠다며 같은 날 문의를 해왔다는 말을 했다.

결국 포털 사이트에 정보를 빼앗기겠구나라는 생각을 하던 차에 떠오른 생각이 캡처였다. 해당 정보는 저작권이 있지만 국민의 알권리를 위해 캡처를 해서 보도해주면 될 것이라는 생각에 원자력안전연구원에 문의를 한 뒤 가능하다는 답변을 들었다.

그래서 곧바로 온라인 미디어팀에 얘기를 해서 3월 17일부터 1~2시간 주기로 국내 방사능수치를 보도할 수 있도록 했다. 제목은 '[국내 방사능수치] 3월 17일 19:00 기준' 이런 방식으로 지정해서 정보

를 제공했다. 당연히 홈페이지 접속률도 급증하면서 중부권 언론사
로서는 보다 새로운 시도였다는 평가를 받기도 했다. 이 서비스는 3
월 17일 오후 7시부터 4월 10일 오전 9시까지 제공됐다. 캡처와 기사
방식이어서 실제 필자가 근무하는 중도일보 사이트에 방문해서 '국
내 방사능수치'로 검색하게 되면 기사를 찾을 수 있다.

　이렇게 서비스가 시작된 이후 N 포털 사이트에서는 원자력안전
기술원에서 디지털 정보를 받아 표 형태의 서비스를 제공했던 것으
로 기억한다. 나름 대형 포털 사이트의 서비스보다도 먼저 고민하
고 먼저 나온 서비스라는 생각에 이 서비스에 대해서는 아직도 자
부심이 있다.

　하지만 만약 방사능수치가 극소량으로 줄었다는 4월 10일 이후에
이러한 보도를 했다면 아무도 이 정보를 쳐다보지 않았을 것이다.
그나마 많은 사람들이 관심을 가졌던 시기에 서비스를 했기 때문에
홈페이지 유입률도 급상승할 수 있었던 것이다. 이처럼 타이밍이라
는 것은 콘텐츠의 가치를 높일 수 있는 기회를 마련해준다.

　이후 포털 사이트에서는 자연재해에 대한 정보라든지, 안전과 관
련된 정보에 대해서는 실시간으로 보여주는 서비스를 강화했다.

공유하기

　콘텐츠는 어디에서부터 나오나. 이런 질문을 스스로에게 해본 적
이 있다. 머릿속을 정처 없이 떠돌아다니는 반투명의 아이디어라고
생각한다. 잡힐 듯 잡히지 않는 그런 아이디어를 나름 쓸모 있게 하

기 위해서는 그 정체를 분명히 파악해야 한다.

하지만 필자의 경험이 그렇게 풍부하지도 못할 뿐더러 알고 있는 지식도 한계가 있다 보니 아이디어의 실체를 알아내고 이를 콘텐츠로 발전시키는 것은 그리 쉬운 일이 아니다.

그래서 생각한 것이 바로 나누기이다. 생각을 나눈다는 것, 아이디어를 나눈다는 것은 실로 결정하기 어려운 일이다. 나의 좋은 생각을 내놓는 동시에 그 조건이 되는 사람은 그것을 사업화할 수도 있고 자신만의 기술로 무언가 새로운 콘텐츠를 만들 수도 있기 때문이다.

그렇다고 추상적인 아이디어에 대한 권리를 주장하기에도 쉽지가 않다. 구체적인 방향까지 말한 것이 아닌, 그저 콘텐츠가 될거 같은 아이디어에 대한 얘기니 이미 얘기를 했다면 다시 주워 담기 어려운 엎질러진 물인 셈이다.

하지만 필자는 아이디어에 대한 가치를 너무 높게 두게 되면 실행 이후의 현실적인 가치를 너무 낮게 평가받을 수 있다는 생각을 한다. 필자의 머릿속에 들어 있는 아이디어가 오히려 타인의 머릿속으로 들어가게 된다면 더욱 높은 가치를 발휘할 수도 있다. 그래서 전부는 아니지만 아이디어의 일부 조각을 주변사람들에게 질문하곤 한다. 정말 나만의 아이디어가 괜찮은 것인지 그렇지 않은지 살펴볼 수 있는 기회가 되기 때문이다.

아예 직접 활용할 수 있는 아이디어와 쓸 수 없는 아이디어로 구분하기도 한다. 쓸 수 없는 아이디어에 대해서는 만나는 사람들과의 대화에서 슬쩍 내놓기도 한다. 평상시에도 머릿속을 비우면 새로운 아이디어가 나올 것이라는 막연한 희망을 갖고 있는 만큼, 될수 있으면 이용할 수 없는 아이디어를 밖으로 내놓는다.

만나는 사람들에게 아이디어를 내놓으면 그만큼은 아니더라도 그동안 생각해내지 못했던 아이디어를 한두 개 정도는 던져주는 것 같다. 그렇다보니 새로운 사람을 만나기 전에는 어떤 아이디어를 내놓으면 될까라는 고민을 하게 되는데 그 순간이 어쩌면 가장 설렌다. 세상은 'Give and Take' 아니겠는가.

실제 콘텐츠는 공유한 아이디어, 공유 받은 아이디어에서 제작하는 게 좋다. 그만큼 대중의 생각에 접근할 수 있기 때문이다. 스스로가 탁월한 콘텐츠 제작자가 아니라고 생각한다면 너무 자신의 생각을 가리지 않는 게 좋다. 하다못해 아이디어를 공유하면 조언이라도 받을 수 있다는 것을 잊지 않았으면 좋겠다.

부지런해지기

콘텐츠를 제작하는 사람들의 특징은 부지런하다는 것이다. 일찍 일어나는 새가 벌레를 잡는다는 말은 새벽형 인간을 의미하는 데 부지런해지라고 해서 아침 일찍 일어나라는 얘기를 하자는 게 아니다. 사람들의 생활 패턴은 새벽형도 있을 것이고 부엉이형도 있을 것이고 다양하다.

육체적으로 게을러지지 말아야 한다는 말을 하고 싶지도 않다. 콘텐츠 제작자들의 생활 패턴은 그저 그 사람마다의 성향이라고 인

정해놓고 싶다. 아이디어는 오히려 규칙적이지 않은 삶에서 나오기 쉽기 때문이다. 문득 무엇인가에 몰입하다가 잠시 가수면 상태에서 아이디어가 튀어나올 때도 있고 한참을 물이 얼마나 흘러나가는지도 모른 채 샤워를 하면서 생각이 나올 수도 있기 때문이다. 그렇기 때문에 오히려 육체적으로 부지런해져야 한다는 식상한 말을 하고 싶지는 않다.

그러면 무엇인가. 당연히 정신적인 면을 말한다.

콘텐츠는 당연 융합이 중요하다. 그렇기 때문에 다양한 분야, 다양한 사안에 대해서 그때그때마다 장단점을 분석하고 비교와 대조를 수없이 해야 한다. 결국 머릿속은 복잡해질 수밖에 없다. 하지만 머릿속에서 부지런해지지 않는다면 융합은커녕, 한 가지 이야기도 만들어낼 수가 없다.

머릿속에서 부지런해지려면 아마도 아이큐가 높아야 할 것이다. 하지만 필자 역시 아이큐가 그리 높지 않은 관계로 머릿속의 일을 엑셀 프로그램으로 나눠서 추진한다.

필자는 '워크 플로어 라인Work flow line'을 통해 머릿속의 복잡한 일을 진행한다. 콘텐츠 작업은 하나가 될 수 없다. 그렇게 세상은 콘텐츠 제작자를 여유롭게 봐주지 않는다. 그렇기 때문에 멀티Multi라는 소리를 들어야 한다.

멀티를 잘 할 수 있으려면 작업마다 시간의 흐름에 따른 과정을 표시하고 내가 지금 작업 흐름의 어디에 위치해 있는지를 파악해야 한다. 일반적으로 작업흐름 공정도라는 게 있다. 작업 공정을 알기 쉽게 표시한 것인데 원료 가공부터 시작해 제품 완성의 모든 과정이 어떻게 진행되고 있는지를 알기 쉽게 표시한 것이다. 형식은 다양하지만 자신에게 맞춰 가장 간단한 방식으로 정리하는 게 중요하다.

필자는 엑셀을 이용해 앞부분 세로방향으로는 날짜를 기입하고, 가로열로 콘텐츠의 테마를 적어놓는다. 꼭 콘텐츠만 넣을 필요는 없다. 콘텐츠에 대한 건도 있을 것이며 회사의 사업을 진행할 수도 있을 것이기 때문이다. 여기에 저술 작업을 하는 등 개인적인 작업까지 많은 일을 당신도 하지 않을까 생각한다.

그러한 워크 플로어 라인을 활용하면 머릿속에서 부지런하게 일해야 하는 것을 잠시는 쉴 수도 있을 것이다. 그러면서 또 다른 창의적인 아이디어를 찾아보는 것은 어떨까.

발췌독 하기

독서에서 발췌독은 참 좋지 않은 태도라고 생각한다. 하지만 기자 생활을 하면서 어떤 경우에는 마감시각까지 1시간도 채 남지 않은 상황에서 200~300페이지에 달하는 연구보고서를 기사로 작성해야 하는 상황을 겪으면서 필요한 것을 빨리 찾아서 읽는 버릇이 생겼다.

독서를 하는 것은 주제를 먼저 파악하기보다는 전체 이야기를 충분히 이해한 뒤 비로소 전체 글의 의미를 생각하는 게 아닐까 싶다. 그래서 참 좋지 않은 태도라고 말한 이유이다.

하지만 어쩔 수가 없다. 정해진 시간 내에 주제를 찾아내야 하는 업무를 해야 하다 보니 말이다. 그래도 이러한 버릇은 콘텐츠를 이해하고 융합하고 새롭게 창작하는 데 여러 면에서 도움이 된다.

콘텐츠를 이해하려면 해당 콘텐츠를 단순화할 줄 알아야 한다. 콘텐츠의 지향점은 무엇인지, 어떤 대상을 타깃으로 정할 것인지, 어떤 미디어에 적합할 것인지 등으로 단순화시켜야 한다. 앞서 언급했던 마인드맵을 직접 그리지 않더라도 단순한 상태의 마인드맵을 머릿속에는 그릴 줄 알아야 콘텐츠를 이해하는 데 도움이 된다.

그래서 보고서를 받으면 가장 뒷부분을 보게 된다. 대부분의 보고서의 결론은 뒷부분에 나오기 때문이다. 그런 뒤에 앞을 본다. 결론을 누가 냈는지, 어떤 과정으로 냈는지 앞부분에 소개를 하기 때문이다. 그리고 보고서가 여러 명의 전문가들이 엮은 내용이라면 각 목차별로 그들이 주장하는 첫 부분과 뒷부분을 읽어보면 어느 누구의 주장이 결론에 영향을 많이 미쳤는지 파악할 수 있다.

기사를 쓸 때 보고서를 살펴보는 필자만의 스타일이라고 해두자. 혹여 더 오랫동안 언론생활을 해왔던 선배님들의 경우, 더 효율적인 방법이 있을 테니 말이다. 만약 또 기회가 생긴다면 선배들의 방식을 소개할 수 있길 기대해본다.

발췌독에서 단순화 과정을 거치면 이러한 콘텐츠가 어떤 미디어와 잘맞을지를 고민해봐야 한다. 언론정보학과나 미디어콘텐츠학과 강의에서 보면 새로운 미디어에 대한 콘텐츠 방향을 잡을 때 역시나 기존 미디어를 벤치마킹한 수준에서 크게 벗어나지 않는다. 현재 흥행을 하거나 얼마 전 흥행을 했던 방식의 미디어를 활용한다. 그렇기 때문에 기존 미디어와는 그리 달라지지 않는다. 이는 미디어 방식을 잘못 선택했다고 생각하기보다는 잘못된 발췌독에서 비롯됐다고 봐야 한다.

콘텐츠에 가장 어울리는 미디어는 그 주제와 그 수요자가 무엇이고 누구냐에 따라 달라지는데 그렇기 때문에 발췌독을 통한 콘텐츠의 단순화를 허투루 생각해서는 안 된다.

인맥 쌓기

콘텐츠를 만드는 데 꼭 인맥이 필요할까라는 생각을 하는 사람이 많을 것이다. 요즘에는 인터넷 검색을 통해서 상당부분 정보를 습득할 수 있고 전자책을 통해 도서관을 찾지 않더라도 원하는 정보를 얻을 수가 있다. 해외 사이트를 방문해서 정보를 찾을 수도 있으니 굳이 값비싼 비행기삯을 들이지 않더라도 충분히 좋은 콘텐츠 소스를 얻을 수가 있다.

하지만 그렇게 콘텐츠를 짜깁기해서 정말 좋은 콘텐츠를 만들어낼 수가 있을까? 필자는 재주가 탁월하지 않아 그렇게는 조금 부족할 것 같다. 그래서 약간의 인맥이 필요하다고 본다. 그 인맥은 단순히 아는 사람, 지인은 아니다. 콘텐츠를 평가해줄 수 있는 전문가 인맥을 말한다.

'기자라는 직업이다 보니 많은 사람을 만날 수 있으니깐 그렇게 얘기하는 건 아니냐. 배부른 소리다'

이렇게 말할 수도 있다. 하지만 앞서 얘기했듯이 콘텐츠가 무엇인

가. 콘텐츠의 종류는 무궁무진하다. 기사만 하더라도 무수히 많은 소재를 찾을 수 있는데도 사람들은 '이게 뭐 기삿거리라도 되겠어'라고 입을 닫아버린다. 하지만 기사가 될지 여부는 기자가 판단하는 것이라고 그들에게 다시 한 번 말해주고 싶다. 콘텐츠를 만드는 사람이 콘텐츠가 된다고 얘기하면 다 될 수 있다는 것이라고 말이다.

콘텐츠라는 것은 거창한 소재나 분야도 있겠지만 우리 곁에 있는 모든 것들이 다 소재이고 분야이다. 한 강의에서 필자는 콘텐츠를 구성하는 기술에는 목소리도 되고, 표정도 되고, 무형적인 다양한 요소들 모두가 해당한다고 말한 적이 있다. 콘텐츠는 주변의 모든 이야기이고 모든 아이템인 것이다. 그래서 인맥을 구할 때 유명인사가 아닌, 한 가지 분야에서 남들보다 더 집중하고 더 뛰어난 사람이면 된다. 일종의 마니아라고 보면 된다.

얼마 전에 종이로 트랜스포머와 같은 로봇을 만드는 사람에 대한 방송을 본 적이 있다. 종이를 접어 각 부품을 만들어서 조합하다보면 어느새 트랜스포머 로봇이 완성된다. 단순히 취미 정도로만 생각했는데 그는 종이로봇 박물관을 열겠다는 당찬 포부를 밝히기까지 했다. 그런 사람이 좋은 인맥이 될 것이다.

주변을 잘 살펴보면 알 수 있다. 한 분야에 대해 누구보다도 더 많이 알고 깊은 지식이 있는 사람들 말이다. 학위를 받거나 자격을 취득한 것도 아닌데, 그 분야를 즐기는 사람들이 있다. 그런 사람들을 인맥으로 만들어야 한다는 것이다.

주변에는 인테리어라면 누구한테도 뒤지지 않는다는 사람이 있다. 그 사람의 영향으로 3D 디자인에 입문하게 돼 이제는 3D 분야에 대한 다양한 콘텐츠를 만들 수 있는 수준이 됐다. 콘텐츠는 단순히 보고 즐기는 것도 있지만, 직접 만지고 놀 수도 있는 것들이 있다 보니 이러한 인맥을 갖춰 놓는 것은 꽤 중요하다.

자, 이제부터는 친구나 친척, 지인들 중에서 무엇인가에 푹 빠져 있는 사람들을 찾아보길 바란다. 그들에게서 얻는 정보와 기술이 좋은 콘텐츠를 만들 수 있는 비법이 되리라 생각한다.

또 인맥으로 이러한 사람이 필요하다. 발이 넓은 사람, 오지랖이 넓은 사람 말이다.

흔히 SNS를 통해 콘텐츠를 알릴 수 있다고들 하지만 실제로 SNS로 정보를 전달하는 데는 생각보다 더 어렵다. 한 때 팔로어 수나 친구 수가 SNS에 능숙한 사람들의 능력처럼 보일 때가 있었다. 무조건 팔로어나 친구를 만들어 놓다보니 생면부지인 사람까지 친구가 되는 경우가 부지기수이다.

하지만 팔로어가 많거나 친구 수가 많다고 해서 SNS를 잘 활용한다고 보기에는 여러 모로 부족한 면이 있다. 관계는 맺어놓았지만 스스로 콘텐츠를 지속적으로 게시하지 않는 경우나 글을 올려도 '좋아요' 표시가 아예 없는 경우도 있다. 결국 SNS 역시 콘텐츠를 유통하는 데 상대적으로 작용한다는 것이다.

이럴 때 필요한 사람은 발이 넓은 사람이다. 필자가 파악한 SNS 강자는 성격 자체가 외향적이면서 발이 넓은 사람이 많다. 다양한 인맥의 소유자, 다양한 얘깃거리의 소유자, 리액션이 많은 사람이 바로 SNS에서 활발하게 활동하고 있는 사람들이다. 본인 스스로가 이런 성격의 SNS 강자가 되기에는 한계가 있다. 성격을 바꾸기란 여간 어려운 일이 아니기 때문이다.

자신의 SNS 계정의 활동 상태를 되돌아보기를 바란다. 만약 스스로 보기에 '좋아요'가 많거나 많은 사람들과의 소통이 잘 이뤄지고 있다면 상관없지만, 그렇지 않다면 이제부터는 발이 넓고 쾌활한 SNS 사용자와 인맥 관계를 맺어보기 바란다.

욕심 부리지 않기

콘텐츠를 만들 때 원래는 욕심이 없으면 아무것도 되지 않는다. 하지만 욕심은 또 금물이다. 매사에 균형을 맞추는 일은 어려운 일이다. 콘텐츠는 분명 이용자들 입장에서 바라보고 제작해야 하기 때문에 보다 더 좋은 모양으로, 더 많은 정보를 짧은 순간에 전달하는 게 관건이다. 하지만 여기에서 욕심이 생기면 콘텐츠가 아니라 만물 창고가 돼 버린다.

정보를 시각화해 독자들이 사안이나 이슈에 대해 쉽게 이해할 수 있도록 도와주는 콘텐츠 중에서 단연 인포그래픽이 떠오른다. 인포메이션과 그래픽이라는 단어가 합성된 것이다. 자세한 설명을 읽지 않더라도 한 눈에 전반적인 내용을 파악할 수 있도록 돕는 게 인포그래픽이다.

지금 당장 인포그래픽을 포털 사이트에서 이미지 검색으로 찾아봤으면 좋겠다. 수많은 인포그래픽 중에서 정말 눈이 가는 게 어느 정도인지 직접 느꼈으면 한다. 착각하는 부분이 있는데 일반 엑셀 등 프로그램에서도 가능한 그래프를 여러 개 엮어 놓았다고 해서 인포그래픽이 되는 것이 아니다. 그런데도 그래프를 있는 대로 넣어놓고 독자들에게 이해하라고 하는 경우도 다반사이다. 전체적인 테마에 대한 이해를 해야 하지만 콘텐츠 제작자가 욕심을 내서 이런 저런 통계를 모아놓은 것은 좋은 인포그래픽 콘텐츠가 아니다.

예전에 눈에 띄었던 인포그래픽이 있는데 북미지역의 캠핑 문화에 대한 자료였다. 전체적으로 산도 있고 캠핑 도로도 있고 캠핑장 입구도 만화처럼 그려진 배경에 각각 이용자 분포와 캠핑 이용 시 주의사항 등이 간단한 그래픽으로 그려져 있었다. 그런대로 많은 정보를 담고 있지만 여백의 미까지 있어 보는 사람이 편하게 내용을 이해할 수 있도록 해줬다.

여기에 내부적으로 더 많은 자료가 나온다면 독자들은 인포그래픽을 보는 것이 아닌, 그림글을 보게 되는 것과 별반 차이가 없다. 콘텐츠에 더 많은 정보가 들어 있다고 해도 콘텐츠를 필요로 하는 이용자들에게 모든 정보가 도움이 되는 것은 아니다. 그렇기 때문에 콘텐츠에는 사족이 있어서는 안 된다.

가장 좋은 콘텐츠는 한 번에 메시지를 전달할 수 있는 것이다. 기사를 쓸 때에도 신입 기자들에게 너무 욕심을 부려서 여러 가지 이야기를 담아내려고 노력하지 말라고 한다. 기사 1건에는 반드시 주제 1개를 원칙으로 하고 나중에 더 훈련이 되면 복잡한 이야기도 만들 수 있다고 본다.

03

모바일
미디어
기획법

나와 모바일 웹과 앱 시장

스마트폰 애플리케이션을 기획하고 만드는 일을 해온 지 벌써 6년째이다. 그래서 이제는 온라인 미디어에 대해 얘기를 할 때면 모바일 미디어에 대한 얘기를 먼저 꺼내든다.

모바일 미디어라고 하면 역시나 앱을 활용해야 한다고 많은 사람들은 생각하는 것 같다. 그렇지 않아도 지방 자치단체들은 그동안 너도나도 자신들의 소식을 알릴 수 있는 앱 개발에 열을 올렸으니 앱 활용도에 대한 얘기가 틀린 말도 아니다. 하지만 모바일에서는 웹과 앱 시장이 공존한다는 것을 반드시 알고 있어야 한다.

스마트폰이 시장에 나오면서 너도 나도 앱을 개발할 수 있는 1인 앱 개발 붐이 한 때 일기도 했다. 혼자 기획하고 혼자 디자인을 하고 혼자 코딩을 해서 한 번에 '대박'을 일군 사람들도 나타났다. 어떤 사람들은 자신들의 앱 개발 대박 신화(?)를 책으로 내서 자랑 아닌 자랑인 듯 자랑처럼 말하곤 했다.

앱이면 모든 게 다 해결된다고 생각하는 사람들이 많아서 모든 서비스는 앱과 연계가 돼야 한다면서 우후죽순 서비스 앱들이 나오기도 했다. 자치단체에서도 적게는 수백만 원, 많게는 수억 원에 달하는 예산을 투입해 앱을 만드는 경우도 많았다. 하지만 결과는 어떨까?

한 광역자치단체의 경우, 2015년 기준으로 그동안 개발한 모바일 공공앱 17개를 폐지하면서 개발비용으로 들인 5억 6000여만 원을 낭비했다. 정부 기관이 운영하는 앱과 기능이 비슷하거나 정부의 공공앱 정비 지침에 따라 폐지됐다고 한다. 전체 29개의 공공앱 가운데 17개나 폐지했다는 것은 무려 절반 이상58.6%을 없앴다는 얘기다. 그동안 투입된 예산은 물론, 여러 공공 데이터들이 쓸모가 없게 돼버렸다.

모바일 시장을 무조건 값비싼 돈을 들여 만든 앱 시장으로 착각했기 때문이라고 필자는 생각한다. 당연히 앱 개발 비용은 비쌀 수밖에 없다.

예전 2G폰 시대에는 개발업체들이 만든 앱이라고 해봤자 2D 게임이 전부였다. 그것도 서비스 메뉴의 하나로 들어 있기 때문에 개별적인 앱이라고 보기에도 힘들었다. 하지만 그 당시에는 휴대폰을 생산해 판매하는 업체가 너무나도 많았다. 또 휴대폰의 종류 역시 지금보다도 훨씬 많았다. 한 달에도 2~3개의 새로운 휴대폰이 나올 정도면 할 말 다한 것 아닌가.

문제는 휴대폰 제작업체가 다른 만큼 각 휴대폰마다의 운영체계도 각각 달랐다. 모바일 게임업체나 모바일 개발업체는 새로운 휴대폰의 운영체계에 맞춰 개발하다보면 개발도 채 하기 전에 또 다

른 새로운 운영체제에 적응하느라 수익을 얻기보다는 연구 개발비
가 더 들었다고 한다. 그래서 이들 업계는 매우 영세했다. 그래도 살
아남기 위해 울며 겨자 먹기식으로 휴대폰 제작사들의 입맛에 맞는
프로그램을 만들어 상납해야 하는 상황이었다.

반면, 애플의 아이폰이 상용화되면서 시장은 달라졌다. 애플과 안
드로이드 군단이라는 표현이 나올 정도로 iOS애플 운영체제, Android
구글의 운영체제로 운영체제 시장은 양분됐다. 업체들은 그동안 휴대폰
제작사들이 요구하는 앱을 만들어야 했던 것과 달리, 이제는 앱 스
토어와 구글 플레이 시장에 맞는 앱만 잘 만들면 된 것이다. 이렇다
보니 수익이 되는 자체 게임을 만들거나 실용 앱을 만드는 데 인력
을 집중시켰고 이것이 일반 앱을 만드는 시장에 대한 개발 단가를
올리게 되는 분위기로 이어진 것이다.

비싼 개발비용이 들지만 지자체들은 서로 스마트 지방정부를 지
향하면서 경쟁적으로 예산을 투입시켰고 이제는 애써 제작한 앱을
폐지하는 상황으로 접어들게 됐다. 그 사이에 앱 개발 비용을 부담
스러워 하던 기업들은 차라리 모든 모바일에서 호환이 가능한 모바
일 웹으로 앱을 대체하기도 했다. 어쩌면 모바일 앱을 만드는 데 천
문학적인 비용을 들이기보다는 모바일 웹을 만든 게 보다 현명한 선
택이 아닐까 싶기도 하다.

모바일 웹은 기존 PC웹이 모바일에서 사이즈가 맞지 않아 글자가
보이지 않거나 일부 작동하지 않는 것을 모바일 기기에 맞춰 개발한
것이다. 요즘에는 대부분의 웹이 모바일 웹으로 호환이 된다. 아마

도 서비스 이용자들의 불만이 계속해서 접수됐기 때문이 아닌가 생각한다. 또 모바일 웹 버전으로 호환되지 않는 사이트에 방문하게 되면 촌스럽거나 이용이 많지 않은 사이트라는 인상을 받게 된다.

모바일 웹은 그 자체만으로 기존의 PC 웹을 올려다놓은 것이라고 생각하면 된다. 단지 PC 버전의 가로가 넓어진 모양을 메뉴별로 분리해 담은 것으로 파악하면 된다.

모바일 웹으로 기능을 바꾸면서 마치 앱의 기능이 올라간 모양으로 디자인 설계가 된다. 인터넷을 열어 해당 홈페이지에 가면 앱의 모양이 별반 다를 게 없기 때문에 이용자 측면에서는 그 차이를 느끼지 못할 때도 있다. 다만 모바일 웹이 한계를 가지고 있다면 스마트폰에서 앱으로 다운로드 받아서 필요할 때마다 손쉽게 앱을 켜는 게 아니어서 상대적으로 사용자의 접근성이 떨어진다는 것이다. 모바일 웹은 인터넷 앱을 켜고 포털 사이트에서 해당 관련 사이트를 검색해서 방문하기 때문에 거쳐야 할 과정이 많다.

결국 앱을 제작하는 이유는 이용자들이 관련 콘텐츠나 서비스를 계속해서 이용하거나 쉽게 방문할 수 있을 것이라는 긍정적인 기대 때문이다.

이런 앱과 웹 시장 속에서 무엇이 더 좋다고 말할 수는 없다. 또 트렌드가 뭐라고 말하기에도 콘텐츠나 서비스의 방향성이 각각 다르기 때문에 이를 단순화하기도 어렵다. 그래서 콘텐츠와 미디어를 기획하기 위해서는 모바일 웹과 모바일 앱 시장에 대한 장단점을 파악해야 한다. 그 장단점을 단순화한다면 아래와 같다.

모바일 웹은 우선 비용이 저렴하다. 또 기존 홈페이지의 콘텐츠를 활용하기 때문에 이용자들이 낯설지 않아 한다. 다만 단순한 웹 기능이어서 추가 기능을 만들어넣는 것이 제한적인 단점이 있다.

모바일 앱의 경우에는 비용이 일단 저렴하지 않다. 최근 앱 개발 업체들은 몇 가지 앱 샘플을 이용해 콘텐츠만 갈아 끼우는 식으로 앱을 찍어내듯 제작해 가격을 낮추었다. 하지만 실제 의뢰자가 원하는 방식, 자동차에 비유한다면 옵션 기능이 될 수 있는데, 이 옵션이 붙으면서 앱 개발 비용은 더 늘어난다. 그러나 좋은 점은 웹상에서 구현하기엔 어려웠던 기능을 앱에서는 원하는 대로 구현이 가능하다는 것이다. 이 점 때문에 앱을 만드는 것이다.

이러한 모바일 웹과 앱 시장 속에서 미디어 기획자인 당신은 어떤 방식을 선호하겠는가.

앞으로도 모바일 웹과 앱 시장은 공존하지 않을까 생각한다. 콘텐츠가 어떠한 콘셉트로 제작되는가에 따라 앱과 웹을 구분하기가 쉽지 않다. 각기 장단점이 있기 때문이다.

지금도 앱 스토어 등 앱 판매시장에는 새로운 앱이 계속해서 순위권에 오르고 있기도 해 앱은 아직도 핫 아이템이라는 생각이 든다. 모바일 웹도 모바일 기기에서 이용하는 웹브라우저에 맞춰지기 때문에 앞으로도 더 많은 콘텐츠 및 미디어 전문가들이 모바일 웹에 대한 선호도를 높일 것이다.

기획하는 방식에 맞춰 모바일 앱과 웹이라는 서비스를 구현해내길 기대한다.

랭킹 시대 속 모바일 미디어

카카오 게임은 전 국민을 게임의 도가니로 빠져들게 한 장본인이다. 주변을 보면, 가족을 비롯해 친척, 지인, 동료, 친구 등 모두가 마치 게임에 미친 듯이 게임에 빠져 있던 때가 있었다. 하트를 서로 주고받는 '하트 신드롬'까지 빚어내기도 했다.

원래 모바일 게임은 이렇게까지 인기를 끌지 못하는데 전 국민이 게임을 하게 된 계기는 바로 순위, 랭킹이었다.

게임 앱을 개발하기 위해 게임 앱 트렌드를 열심히 분석하던 때가 있었다. 새로운 게임만 나오면 그 게임을 해보고 재미요소가 무엇인지, 중독성이 있는지, 어떤 점이 차별화 요소인지를 분석했다. 그때 느꼈던 것은 한국 앱 시장과 북미 앱 시장에서의 게임 앱을 바라보는 시각이 매우 다르다는 것이었다.

북미의 앱에서도 물론 아이폰을 기준으로 게임센터라는 플랫폼이 있어서 게임센터 친구끼리 서로 순위가 정해지기도 했다. 하지만 북미 게임 앱에서는 순위보다 미션이라는 점이 더 중요하게 부각됐다. 게임에서 내놓는 각 스테이지를 누가 더 먼저 통과하는 것이 아니라, 각 스테이지가 요구하는 미션을 누가 더 정확하게 수행했는지에 대한 순위가 더 중요한 요소였다.

그에 반해 한국 앱에서는 정확도보다는 누가 더 빨리 각 스테이지를 빨리 통과하느냐에 관심이 집중됐다. 친구와의 경쟁에서 자신이 더 많은 스테이지를 통과한 것이 기쁜 것이다. 돌아가서 친구에게 자신이 경쟁에서 이기고 있다는 점을 강조하며 친구가 게임에 동참해 경쟁의식을 고취시키는 게 한국식이다. 애니팡 게임이 바로 그런 효과 속에서 급성장하며 개발업체를 상장시키는 성과를 거둘 수 있었다.

우리는 사실 순위에 발목이 잡혀 있다. 앱을 홍보할 때에도 국내 앱 스토어 1위를 몇 주 동안 했다는 등의 홍행에 성공한 앱이라는 점을 강조한다. 1등 앱, 최초 앱 등의 표현을 쉽게 들을 수가 있다. 더구나 그동안 PC 웹에서의 사이트 유입률 순위가 모바일까지 접목되면서 모바일 사이트 접속률에 대한 순위까지 나와 콘텐츠와 미디어 서비스가 순위에서 더 이상 자유롭지 못한 상태이다.

이렇다보니 기존 미디어업체들 역시 유입률에 대한 순위가 지난주 대비 낮아진다고 생각될 때 부담이 커질 수밖에 없다. 결국은 어뷰징에 대한 유혹에 빠질 수 있고 미디어의 콘텐츠는 자신만의 색깔을 잃어가게 된다.

모바일 미디어가 랭킹에서 벗어날 수 있는 방법은 없는 걸까?

필자가 보기에 방법은 있다. 모바일 미디어는 사실 랭킹이 중요한 것은 아니다. 이용자들이 쉽게 활용하고 그들에 맞게 잘 설계된 아주 개인적인 미디어로 변모해야 하는 것이다.

순위를 높은 가치로 여기는 미디어를 보면 사실, 단골 고객을 만드는 데 신경을 많이 쓰지 않는다. 어떻게 해서든지 유입률만 높이면 되기 때문이다.

하지만 맞춤형 미디어로 바뀐 모바일 미디어는 유입률에는 신경을 쓰지 않는다. 다만, 개인 이용자들이 어떻게 이 콘텐츠를 소비하는지에 더욱 관심을 갖는다. 많은 사람들이 서비스를 이용하면 좋겠지만 최소한의 사람들이라도 공감할 수 있는 서비스라면 입소문을 타고 금새 이용자가 늘어날 수 있다.

요즘에는 앱 스토어에서 상위 다운로드 순위에 오른 앱을 보면 개발업체들이 마케팅 업체를 통해 홍보 효과를 높이기 위해 리뷰를 많이 올리는 데에 막대한 광고비용을 지출한다.

하지만 초기에는 그런 마케팅 방법이 잘 알려지지 않다가 오히려 색다른 게임, 실용적인 기능이 나온 앱이 있으면 입소문을 타고 다운로드가 급증했다. 별다른 홍보도 하지 않았는데 저절로 다운로드가 늘어나는 앱을 꽤 많이 봤다. 그렇기 때문에 이용자들이 생각하기에도 쓸 만하다고 느끼는 앱을 만들게 되면 홍보비용을 많이 들이지 않더라도 앱에 대한 홍보가 가능해진다.

모바일 시장에서는 순위에 대해 신경을 쓰지는 않았으면 한다. 그 순위경쟁이 유입률과 직결하지만 스마트폰이 개인화 통신기기라면 모바일 미디어 역시 개인화를 추구해야 하기 때문에 순위에 대해서는 나중에 생각해도 되지 않을까?

이미 콘텐츠에 대한 모바일 미디어의 개인화는 선호하거나 관심이 높을 것으로 기대되는 콘텐츠를 보여주는 것으로 개인화가 이뤄졌다. 이용자가 원하는 콘텐츠를 알아서 보여주는 미디어 앱으로 손이 더 가는 것은 어쩔 수가 없는 일이다. 일종의 '로봇 미디어'와 '인공지능기술'을 활용하는 것인데 이 같은 개인화 서비스는 순위 경쟁을 이겨낼 수 있는 보다 경쟁력 있는 서비스라고 생각된다.

지금은 잘 쓰지 않는 뉴스 미디어 앱인데, 원하는 키워드를 저장해놓으면 해당 키워드가 나온 기사가 나올 때마다 알림을 해주고 기사를 보여주는 앱이다. 기자들은 주요 이슈가 되는 인물이나 업체명이 들어간 기사를 손쉽게 찾아보기를 원한다. 자신이 맡고 있는 분야, 즉 출입처에 대한 얘기가 경쟁지의 기사에서만 나올 경우에는 흔히 말하는 '물 먹었다'는 상황을 경험하게 된다. 아침부터 데스크의 언성이 높아질 수밖에 없는 상황인데, 그런 것을 사전에 막을 수 있는 앱이기도 하다.

하지만 최근에는 구글의 이메일 키워드 검색뉴스 서비스를 받고 있어서 그 앱을 사용하지는 않지만 아직도 많은 이들이 사용하는 앱으로 알고 있다. 그래서 모바일 미디어가 오랫동안 서비스를 이어나가기 위해서는 PC 서비스의 대체제가 아닌, 모바일 이용자들의 생활패턴에 걸맞은 콘텐츠를 제공해야 한다. 요즘에는 모바일이 아닌, 웨어러블 미디어가 이용자들의 상태에 맞춰 서비스를 제공해준다.

순위 싸움은 개별 서비스에서는 그리 중요한 요소가 아니다.

04

미디어와
테크를
융합하라

신문, 'Say goodbye, Say hello'

　필자가 신문사 기자이다 보니 종이신문은 미디어를 얘기할 때 빠지지 않는다. 흔히들 올드 미디어라는 차원에서 종이신문이라는 매체를 바라본다. 여기에서는 종이신문을 간단히 신문이라고 얘기할 것이다.

　신문에서 방송으로, 방송에서 인터넷으로, PC웹 방식의 인터넷에서 모바일 웹 방식의 인터넷으로 중심 이동축이 계속해서 변해온 것은 사실이다. 그렇다보니 신문 산업에 대해서는 많은 이들이 사양 산업이라고 종지부를 찍는다.

　지인 중에 화학 연구소에 다니는 사람이 있는데, 연구를 하는 분야가 종이 인쇄물을 제작하는 데 필요한 약품이다. 그 사람은 앞으로 신문을 비롯해 종이 인쇄산업이 사양길에 접어들 것이고 자신이 연구하는 분야 역시 미래가 어둡다는 얘기를 했다.

　정말 신문이라는 것에 종지부를 찍고 신문 산업을 하지 말아야 할까?

　이런 고민은 분명, 신문사 소유주들이 갖고 있는 고민일 것이다.

이러한 고민은 신문을 통해 콘텐츠를 생산해내고 새로운 정보를 취재하는 기자 역시 숱하게 해온 고민이다. 쉽게 말해 신문기자에게는 신문이 사라진다면 당장 밥줄이 끊어질 수 있다는 위기에 처할 것만 같은 두려움으로 다가올 수 있기 때문이다. 하지만 두려워할 것은 없다고 본다.

그동안의 두려움은 신문을 신문으로만 바라보고 기자가 스스로 신문과 작별인사를 하지 못해 나타난 현상이다. 신문과 작별을 고하는 동시에 콘텐츠를 설계하는 차원에서 신문과의 새로운 만남을 찾아야 할 때가 온 것이다.

신문이라는 매체를 보다 자세하게 살펴보도록 하자. 신문은 어떤 매체일까라는 질문도 해보자.

일단 오른쪽에서 왼쪽으로 펼치는 지면 체제로 TOP기사, Center기사, Side기사 등으로 기사가 배치되는 오리지널 지면 뉴스를 생각해 볼 수 있다.

신문과 작별인사를 하기 위해서는 신문을 다시 한 번 유심히 살펴볼 필요가 있다. 이사를 가기 전에 그동안 정이 들어버린 방과 마당을 눈에 담아가기 위해 한참 동안 둘러보는 것처럼 말이다. 신문과 이별해야 한다고 말하는 것은 기존의 콘텐츠 방식에서 벗어날 필요가 있기 때문이다.

사실 Top기사, Center기사, Side기사 등은 일정부분 정해진 형식에 맞춰야 한다는 강박관념에 사로잡히게 한다. 이미 수십 년간의 경험을 통해 결정된 기사의 배치이고 기사의 가치를 이를 통해 구분한다고 하지만 과감하게 잊어야 한다.

신문이라는 것은 콘텐츠에 대한 내용, 즉 문자를 일정한 분량으로 제한하고 사진 역시 적절한 피사체가 배치된 보도성 사진으로 정리한 오프라인 종이 뉴스를 의미한다. 뿐만 아니라 신문은 딱딱한 어투로 표현이 돼 있다 보니 기자들조차도 그 어투에 사로잡혀 새로운 단어나 표현을 쓰는 데 한계에 도달하기도 한다. 더구나 중학생이상의 독자가 이해할 수 있도록 써야 한다는 말은 너무나도 추상적이면서도 분야에 따라 적용하기가 어려운 조건이다.

기존의 방식에서 탈피해야 한다는 것은 보다 신문답지 않게, 보다 웹 방식답게 변해야 한다는 데서 출발한다. 신문은 지면이라는 제한된 공간에서 최대한의 효과를 발휘할 수 있는 기사들로 채워진다. 폴라로이드지가 아닌 일반 종합일간지 지면 사이즈를 중심으로 볼 때 하나의 기획성 기사는 상당수 원고지 4.5매에서 8매 정도에 달한다. 띄어쓰기를 포함한 글자수로 전환하면 900자에서 1600자 정도이다.

이런 일관된 규격 속에서 새로운 콘텐츠를 만들라고 하는 것은 그 자체로 무리이다. 일부 신문에서는 다양한 코너를 만들어 콘텐츠의 질적인 수준을 높이는 것이 아닌, 양적인 수준을 높이기도 하는데, 그렇게 된다면 전혀 좋은 콘텐츠를 뽑아낼 수가 없다. 실제로 기자들에게서도 새로운 콘텐츠를 만들어내기보다는 그저 업무적으로 내용을 만들어 각색하는 정도밖에 되지 않아 효율성을 찾을 수가 없다.

기존의 틀에서 벗어나기란 말처럼 그리 쉬운 일은 아니다. 이미 십여 년 넘게 굳어버린 콘텐츠 스타일을 바꿀 수가 없기 때문이다. 다만 새롭게 시작하는 사람들에게는 콘텐츠의 새로운 방향을 논하기가 오히려 쉽다.

그렇다면 신문과 헤어지려면 어떻게 해야 하는 게 좋을까?

먼저, 신문사에 신문이 없다고 생각해보자. 조금은 과장된 상황을 설정했다고 비난받을지도 모르겠지만 A신문사는 갑작스런 자금난에 빠져 더 이상 신문을 제작할 수가 없게 됐다. 회사 문을 닫아야 하지만 한 기자의 제안으로 새로운 시도를 하게 된다. 일간 신문 지면 이외에도 소식을 알릴 수 있는 새로운 매체를 찾자는 것이다. 그것은 바로 공중전화 부스이다.

2000년 이전까지만 하더라도 도심 곳곳에 있는 공중전화 부스는 전 국민들의 귀와 입이었다. '삐삐'라는 명칭이 사람들에게 잘 알려진 무선호출기의 메시지를 듣기 위해서는 공중전화가 꼭 필요했던 시기도 있었다. 하지만 지금은 공중전화를 찾는 사람이 거의 없다. 스마트폰이 손마다 들려 있는 시대에 살고 있기 때문에 두껍고 낡은 공중전화 부스 속 전화번호부를 들춰보며 공중전화를 이용하는 사람을 찾아보기가 드물다. 그렇다고 공중전화를 없앨 수는 없는 노릇이다. 통신은 국민 누구나 누려야 하는 기본 권리이기 때문이다. 그런 공중전화 부스의 바깥쪽 면을 새로운 매체로 이용하자는 게 A신문사의 새로운 콘텐츠 아이디어인 것이다.

그런데 공중전화 부스는 기본적인 신문 지면의 규격과 달라서 세로 길이가 가로 길이보다 2.5배 가량 길다. 길쭉한 모양에 어떠한 콘텐츠를 넣을 것인가라는 고민부터 시작된다.

A신문사는 도심의 중심에 설치된 10개소의 공중전화 부스를 임대하기로 했다. 10개소의 부스이지만 실제 유동인구로 볼 때에는 수십만의 시민들이 그 앞을 지나간다. 공중전화 부스에 뉴스는 물론, 기존의 광고까지 넣어야 하기 때문에 기존의 신문과는 다른 생각을 할 수밖에 없다. 매체가 바뀌면서 수요자까지 한꺼번에 바뀐 상황이 돼 버렸다. 예전에는 집이나 사무실 등에서 구독해 뉴스를 보는 수요자였다면 이제부터는 부스를 지나가면서 잠시 쳐다본 뒤 사라지는 시민들이 새로운 구독자가 된 것이다.

취재기자들은 그대로여서 기존대로 취재를 하고 기사를 작성했다. 다만, 기사를 올려야 할 때 A신문사 편집국장은 과감하게 내용을 줄였다. 최소 2문장으로 기사를 만들고 가급적이면 글자를 크게 써서 멀리서도 볼 수 있도록 하겠다는 것이다. 일종의 한줄 뉴스 같은 미디어를 상상해볼 수도 있다. 광고 역시 기존의 신문에서 올라가는 방식이 아닌, 기사의 분량이 들어가는 공간까지 활용하면서 게재되는 것이다. 멀리서 보면 광고판을 보게 되고, 조금 더 가까이 가면 뉴스를 보게 되는 신개념 공중전화 부스 매체를 만들게 된 것이다.

최근에 이러한 느낌과 같은 뉴스 콘텐츠가 있다고 하면 카드 뉴스를 들 수가 있다. 오프라인이 아닌, 온라인에서 주로 이용되는 보도 방식으로 많은 언론사가 카드 뉴스 방식으로 뉴스를 유통시키고 있다. 포털 사이트에서도 별도의 카드 뉴스 코너를 신설해 여러 언론사에서 제공하는 카드 뉴스를 이용자들이 손쉽게 볼 수 있도록 하고 있다.

예전과 달리 장황한 콘텐츠를 읽는 것보다는 상대적으로 짧은 이야기에 콘텐츠 소비자들의 시선이 더 쏠린다. 사진과 그림을 더욱 부각시키면서 '읽는 뉴스'보다는 '보는 뉴스'를 지향하고 있는 분위기다.

A신문사처럼 신문이라는 매체를 아예 활용하지 않는다고 가정했을 때 새로운 콘텐츠를 만들 수 있는 가능성이 커진다. 그렇기 때문에 신문과는 한 번쯤은 헤어져봐야 한다.

그렇다면 B신문사는 어떻게 신문과 헤어졌을까?

지역에서 유력언론사로 손꼽히는 B신문사의 경우를 다시 한 번 가정해보자.

B신문사의 경우에는 신문 사업을 과감하게 축소하고 이메일 뉴스에 초점을 맞췄다. 그동안 독자에 대한 관리를 철저하게 한 덕분에 B신문사는 독자들의 이메일을 충분히 확보할 수가 있었다. 5만여 명에 달하는 독자들에게 매일 이메일을 통해 뉴스를 전달하기로 결정했다.

하지만 문제는 독자들에게 이메일을 통해 어떠한 뉴스를 전달하고 얼마만큼의 콘텐츠를 전달할지 쉽게 결정하기가 어려웠다. 더구나 현대인들은 이메일을 통해 다양한 업무를 수행하기 때문에 자칫 스팸으로 처리되거나 읽지도 않고 곧바로 휴지통으로 들어가 버릴 수 있다는 우려가 컸다.

B신문사는 회사의 사활이 걸려 있는 문제인 만큼 전 직원이 수평적인 입장에서 난상토론을 했다. 난상토론에서 나온 결론은 이랬다.

첫째, 스팸이나 휴지통 신세가 되지 않도록 맞춤형 뉴스 콘텐츠를 만들자.

둘째, 이메일 뉴스는 매일 보내는 것을 원칙으로 하자. 단, 오전에는 개인 맞춤형 뉴스를, 점심때에는 연예 뉴스를, 오후에는 전국 트렌드 뉴스를 제공하자. 점심과 오후 뉴스는 발송 여부를 선택할 수 있도록 하자.

셋째, 기존의 뉴스에서 사용하는 기사체가 아닌, 스토리형을 비롯해 대화형, 공지형 등으로 전달하자.

B신문사의 난상토론 결과가 좋은지 나쁜지는 아직 확인할 수는 없지만, 기존에도 이메일 뉴스를 제공하는 매체가 있었던 만큼 차별화를 하기 위한 치열한 논쟁을 벌인 결과로 보인다. B신문사가 추구하려는 첫째 맞춤형 뉴스 콘텐츠 형식은 그동안의 독자 관리가 얼마나 잘 돼 있는지를 증명해준다. 그렇지 않더라도 이미 수집해놓은 독자들의 이메일 정보를 통해 그들이 소비하는 콘텐츠의 방향과 스타일 등을 분석할 뿐더러 때로는 얻고자 하는 뉴스의 테마를 물어보게 되면 맞춤형 콘텐츠를 생산하는 데는 어려움이 없을 것이다.

둘째 결론인 이메일 뉴스의 발송시기와 콘텐츠의 내용에 관한 간단하면서도 핵심적인 결정에 대해서도 눈여겨볼 필요가 있다. 'Out of sight, Out of mind눈에서 멀어지면 마음에서도 멀어진다'라는 말이 있듯이, 뉴스와 콘텐츠 역시 마찬가지이다. 그렇기 때문에 하루에 1회 이상은 콘텐츠를 보여준다는 방식으로 B신문사는 결정을 내린 것이다.

그렇다면 오전과 점심, 오후 시간에 보내는 콘텐츠는 어떤 것일까?

일반적으로 인터넷 사용시각은 오전과 점심, 오후로 나눠 생각해볼 수가 있다. 오전에는 출근 시간대에 모바일 사용량이 일반적으로 많다. 오전 8시에서 9시 사이를 말한다. 점심에는 정오인 낮 12시보다는 오후 1시 정도에 사용량이 급증한다. 오후의 경우에는 B신문사가 이미 모바일 이용자를 주 고객으로 삼고 있다는 것을 증명해준다. B신문사는 오후 시간대 뉴스 발송시간을 밤 10시로 하고 있다. 그동안 인터넷을 이용하는 개인용 PC 이용자들의 인터넷 사용시각은 그 시간대에는 크게 줄어든다. 하지만 모바일 이용자들은 잠들기 전에 모바일을 이용해 뉴스를 보거나 애플리케이션을 이용한다. 모바일 인터넷 시대로 변화하는 시기에 B신문사의 선택은 오후 10시이다.

그렇다면 해당 시간대에 어떤 콘텐츠를 주는 게 가장 좋을까?

B신문사는 오전에 제공하는 뉴스에 맞춤형 콘텐츠를 제공하는 것으로 결정했다. 맞춤형 콘텐츠는 다른 사안에 앞서 개인이 가장 알고 싶어 하는 분야가 될 수 있다. 이를 테면 휴가를 앞둔 직장인

이 휴가와 관련된 알짜 정보를 얻고자 맞춤형 뉴스를 선택했을 때 가장 빨리 그 소식을 얻기를 원할 것이다.

아침 출근시간대에는 그래도 하루의 시간을 어떻게 쪼갤지에 대해 다양하게 고민해볼 수 있다. 누구와 점심을 먹고, 오전에는 무슨 일을 하고, 오후에는 어떤 일을 정리해야 하는지에 대해 생각을 할 시기이며, 아침에 새로운 정보를 알아야 하루 동안의 시간을 조정할 수가 있어서다.

점심때에는 B신문사는 낮 12시 30분에 뉴스를 보내는 것으로 정했다. 낮 12시 30분 정도에는 일반 직장인의 경우에는 점심식사를 마치고 잠시 휴식을 취할 수 있는 시간대이다. 휴식시간대에 심각한 뉴스를 제공하기보다는 연예나 스포츠 뉴스를 전달하는 것이 오히려 독자들에게 부담을 덜 줄 것이라는 판단을 B신문사는 한 것이다. 뿐만 아니라 스포츠의 경우, 게임이 오후에 열리는 경우가 많아 오후 시간대 스포츠 게임에 대한 기대감을 높여주기 때문에 현대인에게 어느 정도 삶의 활력소가 될 수 있는 뉴스가 될 것이라는 얘기다.

오후 시간대에는 잠들기 전이기 때문에 전문적이거나 자극적인 내용보다는 전반적인 트렌드 콘텐츠를 전달하는 게 부담이 덜하다. B신문사는 오후 시간에 보내는 뉴스에는 살아가는 이야기나 미담 등에 대한 이야기를 내세운다는 방침이다.

난상토론에서 나온 결과 중 세 번째인 기사체의 변화가 오히려 독자들로부터 상당한 호응을 얻어낼 수 있을 것으로 보인다. 스토리형을 비롯해 대화형, 공지형 등의 기사체는 그동안 딱딱하게만 느껴졌던 뉴스의 이야기를 다르게 변화시킬 수 있을 것으로 예상된다.

물론, B신문사가 이메일 뉴스만을 한다고 보기는 어렵다. 자체 온라인 홈페이지를 통해 종합 뉴스를 제공하면서 신문을 대체하기 위해 이메일 뉴스를 확대한다는 전략을 세운 것이다. 많은 신문사들이 갖고 있는 고민의 중심에는 아이러니하게도 원가 부담이 큰 신문이 서 있다. 인터넷 신문일 경우에는 독자수에 비례해 막대한 서버 비용이 들어가는 것과 마찬가지다. 이러한 신문제작 비용을 과감하게 축소하고 이메일 뉴스로 전환한 B신문사가 무조건 성공할 수 있을지는 확신할 수 없다. 그러나 신문과의 이별을 선택하고 기존의 독자를 가지고 온라인 중심의 뉴스를 생산한다는 것은 요즘 새롭게 생겨나는 인터넷 언론과는 천지 차이다.

뉴스를 소비할 수 있는 고정적인 고객이 있다는 것은 신문이라는 형식에서 벗어날 수 있는 용기를 불어넣어줄 수 있다. 일종의 팬덤과도 견줄 수 있는데, 모양이 변했다고 기획사가 달라졌다고 하지만 그동안의 인기를 꾸준히 얻어가는 스타들을 보면 고객의 중요성을 새삼 느낄 수가 있다.

그렇다면 이젠 다시 신문으로 돌아가보도록 하자.

신문과 헤어졌던 경험을 토대로 다시 신문을 만든다면 어떻게 다른 신문을 만들어야 할까?

연인과의 헤어졌던 경험이 한 사람의 연애관을 새롭게 만들어주고 또 다른 이별이나 시련에 견뎌낼 수 있는 힘을 갖게 해준다. 신문과 헤어졌을 때 무엇이 사라졌고 무엇이 필요했는지를 다시 한 번 고민해보면 해답이 보일 것이다.

신문과 헤어질 때 우선 주력으로 삼았던 매체를 버렸다고 보면 된다. 수만 부에서 수십만 부에 달하는 지역지가 신문과 헤어질 때 가장 힘든 것이 바로 그것이다.

많은 사람들이 볼 수 있는 매체가 없다면 언론은 그대로 힘을 잃어버린다. 자신들이 얘기하는 말에 대한 신뢰 역시 사라진다. 그렇기 때문에 단시일 내로 많은 사람들에게 영향력을 미칠 수 있는 새로운 매체를 찾아야 하고 그 매체에 맞춰 뉴스 콘텐츠를 바꾸는 과정이 요구된다. 앞서 예를 들었던 공중전화 부스 매체와 같이 새로운 매체를 마련해 뉴스 콘텐츠를 보여주고 새로운 비즈니스 모델을 만들어야 한다. 하지만 이 역시도 옛 방법과 다르지 않다.

신문을 제작해 판매하는 것과 공중전화 부스라는 새로운 매체 뉴 미디어라고 표현해도 되지 않을까를 운영하는 것은 모양만 달라보였지 구조는 똑같다. 정말로 초기에 공중전화 부스 매체가 인기를 얻게 된다면 다른 언론사에서도 너도나도 공중전화 부스를 매입해 이 시장은 금방 레드오션으로 바뀔 수밖에 없다. 결국 얼마 지나지 않아 경영위기를 맞아 또다시 문을 닫아야 할 상황에 처할 것이다.

그렇다면 정말 필요한 것, 신문으로 다시 돌아올 때 꼭 가지고 있어야 할 것은 사람이다. 충실한 독자가 정답이다.

이메일 뉴스를 시작한 B신문사는 언제든지 신문을 다시 만들어도 흑자 경영을 유지할 수 있을 것이다. 이미 B신문사가 내놓는 콘텐츠는 독자들이 필요로 하는 것이고 독자들은 필요한 콘텐츠를 소비하기 위해 온라인이든, 오프라인이든 기꺼이 지갑을 열 준비를 하고 있을 것이다. 신문과 이별을 했다고 다시 만남을 가져야 하는 이유는 여기에서 찾을 수 있다.

상당수의 언론사는 자신의 뉴스를 누가 어떤 목적을 위해 소비하는지 정확하게 살펴보지 않는다. 스스로가 언론으로 무결점의 저널리즘을 장착한 미디어라고 생각하기 때문이다. 하지만 많은 콘텐츠 소비자에게 물어봐라. 좋은 점은커녕 고쳐야 할 것만 연신 답해 줄 것이다. 그동안 저널리즘으로 보호받았던 취재방향과 편집권은 이제 그동안의 자만심을 버려야 할 때를 맞았다.

물론 기존의 저널리즘이 모두 잘못됐다는 얘기가 아니다. 다만 기존의 저널리즘 안에서 자신 스스로가 저널리즘에 충실한지를 되돌아봐야 한다는 말이다.

기자는 어찌 보면 취재 현장에서 기존의 선배들이 해왔던 이슈에 대한 기사 목록을 가지고 취재하는 경향이 있다.

예를 들어 전 국민의 분노를 샀던 세월호 참사에 대해 기자는 우선 발생 기사, 발생 이유, 추가 피해, 당국의 대처, 안타까운 사연, 미담, 사회 반응, 추가 발생된 문제, 근본원인, 문제를 일으킨 대상자, 처벌, 재발방지에 대한 대안 등의 기사 내용을 큰 틀에서 염두에 두고 사안을 바라본다.

사안이 발생하면 상당수의 기사 내용이 틀 안에서 벗어나지 않는다. 기사의 속보성 때문에 선배들에게 배웠던 취재의 흐름에 대해 반성보다는 취재부터 시작한다. 어떤 경우에는 비난을 받을 수밖에 없다. 그렇다보니 저널리즘은 자칫 선배들에게서 배웠던 포맷 안에서 취재기자를 제한하고, 취재기자는 그 테두리 내에서 취재할 때 안정을 찾을 수 있다.

저널리즘은 개별적인 생각보다는 언론이 대대로 가진 전통의 시점 안에서 배양돼 필자 역시 스스로 제대로 된 저널리즘을 가지고 있다고 자부할 수 없는 상황이다. 이렇다보니 기사는 기자가 보는 세상에 대한 포맷 속에서 작성되고 보도된다. 수요자들이 원치 않는 시각과 흐름이 일방적으로 전달된다는 얘기다. 이렇게 된다면 분명, 수요자들은 그런 뉴스 콘텐츠를 외면할 수밖에 없다. 세월호 참사 때 일명 '기레기'라는 말이 나온 것은 어찌 보면 당연하다. 하지만 필자도 현장에서 취재를 했다면 기레기라는 말을 들은 기자와 얼마나 다를 수 있을지는 확신할 수가 없다.

또한 편집권에 대한 일방적인 소통 역시 다를 바가 없다. 신문사에서는 편집기자는 뉴스를 가장 먼저 읽는 독자라고 한다. 취재기자가 쓴 기사를 가장 먼저 읽고 그에 맞는 타이틀을 붙여줄 뿐 아니라 뉴스 밸류뉴스 가치를 따져 신문의 상단, 중앙, 측면에 기사를 배치하는 것. 이게 바로 편집권이다.

하지만 취재기자들이 써놓은 기사들의 뉴스 밸류에 대한 평가는 항상 다르지만 일부 편집기자들은 자신의 편집방향이 최고라고 생각하는 경우가 있다. 편집국장이 바뀔 때마다, 편집부국장이 바뀔 때마다 분야에 대한 뉴스 밸류는 각기 달라진다. 성향에 따라 달라지는 것이다. 그렇게 쉽게 달라질 수 있는 편집 방향에 대해 현재의 가치가 최선이고 최고라고 생각한다. 그렇다보니 뉴스 콘텐츠 소비자가 볼 때에는 못난 편집이라고 볼 수 있는 신문이 나오기도 한다. 이는 결국 수요자를 제대로 분석하지 않았기 때문이다.

한 기자는 필자에게 이렇게 얘기한 적이 있다. "우리는 최소한 저널리즘이라는 것을 가지고 뉴스를 제공하기 때문에 한낱 블로거하고는 차이가 있지 않느냐"라고 말이다. 하지만 수요자에게 귀를 기울이지 않은 기자는 조금이라도 자신의 블로그를 알리기 위해 남들의 관심거리에 귀 기울이는 블로거보다 못할 수도 있다.

B신문사의 예처럼, 자신만의 고객이 무엇을 원하고 어떤 뉴스 소비 패턴을 가지고 있는지를 파악해 적절한 콘텐츠를 제공하는 것은 수요자에 대한 일종의 존중이라고 본다. 유력 언론이라는 기존의 기세등등했던 위세를 과감하게 떨쳐내고 수요자 중심의 콘텐츠를 생산하는 새로운 미디어로 태어날 수 있는 것이다.

신문을 재발견하고 새로운 가치를 투영하는 데는 외형적인 변화는 어찌 보면 시장에 아주 작은 영향밖에 미치지 않을 것이다. 누가 보는지를 다시 한 번 살펴볼 때 새로운 형태의 신문과 만날 수 있을 것이라는 희망을 가져본다. 색을 바꾸고, 글자체를 바꾸고, 제호의 스타일을 바꾸고, 로고를 바꿨지만 예전과 생각이 바뀌지 않은 기자만 있다면 여전히 달라지는 것은 없다. 뉴스 콘텐츠 소비자들이 신선하다고 느끼는 것은 세상을 바라보는 시각의 변화와 세상에 대한 애정의 시선일 것이다.

　　이런 점에서 신문과의 이별과 만남은 뉴미디어로서 신문이 종이
라는 한계를 뛰어넘기보다는 무조건 종이를 버리지 않고도 버틸 수
있는 저력을 키우는 데 좋은 계기를 마련해줄 것이라고 믿는다.

신문과 QR코드를 재혼시키자

QR코드에 대해 인터넷 두산백과에서는 '사각형의 가로세로 격자무늬에 다양한 정보를 담고 있는 2차원[매트릭스] 형식의 코드'라고 설명하고 있다.

'QR'은 'Quick Response'의 머리글자이다. 일본의 덴소웨이브사가 1994년에 개발했는데 친절하게도 특허권을 행사하지 않아 다양한 분야에서 활용되고 있다. 그동안에도 사용할 수 있었지만 QR코드는 애플의 고[故] 스티브 잡스에게 고마워해야 할 것 같다. 스티브 잡스가 아이폰을 세상에 공개하면서 스마트폰 시장이 커졌고 스마트폰을 통해 일반인들의 QR코드 사용이 활발해졌기 때문이다.

QR 코드는 마케팅이나 홍보 등에 널리 사용됐다. 한참동안 필자의 기자 명함에도 QR코드가 들어 있었다. 명함 안에 넣은 QR코드의 성격도 시간에 따라 변했는데, 처음에는 필자가 보도한 기사만을 볼 수 있는 페이지를 연결해놓았다. 그 다음에는 필자가 개발한 애플리케이션을 나름 홍보하기 위해 애플리케이션 설명 페이지를 걸어놓기도 했다. 이후에는 필자가 동영상 제작에 한창 열을 올릴 때 제작했던 홍보 영상이 나온 유튜브 페이지를 연결했다. 헤비메탈 음악을 배경으로 필자가 바라보는 세상에 대한 관심사를 글자로 디자인해 움직이다가 사라지고 다양한 방향에서 매트릭스처럼 나타나는 식으로 만든 동영상이다.

하지만 실제 명함에 있는 QR코드가 그렇게 유용하게 쓰였는지는 다시 생각해볼 일이다. 홍보 동영상 역시 유튜브 조회수를 살펴보니 오히려 필자가 동영상을 확인한 횟수가 더 많았다. QR코드 사용의 실패 사례이다. 다만, 명함에 QR코드를 넣는 것으로 다른 사람과는 좀 다르다는 인상을 줬을 뿐이다. 인사이동에 따라 새로운 부서로 배치 받아 나온 명함에는 QR코드를 넣지 않았다.

그런데 필자만 이런 실패를 겪은 게 아니었다. 몇 년 전만 하더라도 QR코드는 인터넷 포털 사이트를 통해 다양하게 홍보가 됐다. 인터넷 포털기업이 자신들의 인터넷 서비스를 더 많이 이용할 수 있도록 사용자를 묶어두기 위해 QR코드를 만들 수 있는 서비스를 제공했다. 이메일을 제공한 것처럼 QR코드를 만들고 자신만의 QR코드를 관리할 수 있도록 했다. 스마트폰의 이용이 급증한 것에 맞춰 이서비스는 많은 사람들의 관심을 받았다.

마케팅에도 많이 활용됐다. 상당수의 대기업은 QR코드를 활용한 광고 마케팅을 벌였고 스마트폰 이용자들도 간편한 QR코드 인식 애플리케이션을 통해 보이는 QR코드마다 스마트폰을 들이댔던 기억이 난다. 하지만 현재는 QR코드를 이용하는 경우가 많지 않다.

언론에서도 QR코드를 많이 활용했다. 한 신문사에서는 기사 말미에 QR코드를 넣고 현장에서 담은 간단한 현장 스케치 영상을 연결해놓았다. 신문으로 기사를 보고 스마트폰을 QR코드에 가져다대면 취재기자가 촬영한 영상을 보기 때문에 그야말로 입체적인 보도 방식이라고 상당수 언론인들이 칭찬을 하기도 했다. 또 신문 광고에도 QR코드를 넣어 영상 광고를 함께 보여주고 광고 단가를 올리는 경우도 있었다.

그렇지만 성공적이라고 하기는 어려웠다. QR코드가 그 당시 사람들의 관심을 많이 받았을 뿐, 획기적이라고 보기는 어려웠기 때문이다. 이미 예전에 나온 기능으로 뒤늦게 빛을 본 올드한 방식이라는 인식을 떼어놓기가 쉽지 않았다. 더구나 QR코드의 한계는 이용자들의 편의와는 거리가 멀었다는 점에서 그 한계를 이미 안고 있었다. QR코드는 미디어 자체가 아닌, 2차 미디어 수단에 불과했기 때문이다.

다시 말해, 신문은 펼쳐보면 기사가 보이고 TV는 켜기만 하면 뉴스나 다양한 영상이 나온다. 하지만 QR코드는 스마트폰을 켜서 비춰볼 때 비로소 제 기능을 한다. 그야말로 1차적 매체가 아닌, 도구가 반드시 필요한 2차적 매체인 것이다. 인쇄된 모양 그대로 활용되는 데 한계를 안고 있어 보다 직관적이며 간편한 서비스를 요구하는 현대인에게는 다소 귀찮은 서비스일 수밖에 없다. 이런 문제점에 대해 마케팅 기업에서는 스마트폰을 비춰보는 데 재미를 주고 무엇인가를 얻을 수 있도록 하는 방안을 찾아 마케팅에 접목했을 뿐이다.

예를 들어 전국의 특정 백화점 매장에 마련된 QR코드를 모두 접속하도록 해 모든 QR코드를 현장에 직접 찾아가서 인식한 대상자에게 상금을 주는 방식을 들 수 있다. 하지만 이마저도 역부족이었다.

QR코드는 일본 기업이 만든 코드이다 보니 이미 일본에서는 다양하게 활용되고 있었다. 한 육아 예능 프로그램에서 일본의 한 박물관에 찾아가 모든 QR코드를 인식하고 오면 상품을 주는 방식으로 출연자들 간 경쟁을 붙이기도 했다. 공룡박물관이었는데 QR코드를 인식시키면서 공룡에 대한 이해도를 높이기도 했다. 그래도 QR코드는 1차적 매체가 아니라는 태생적 한계에서 벗어날 수는 없다.

한때 신문의 1면에 QR코드가 들어간 것을 보기도 했다. 1면은 신문사의 얼굴이나 다름없다. 그리고 다른 면보다도 가독률이 높은 편이다. 그렇다보니 QR코드를 활용하는 독자가 많을 것이라는 생각을 한 것이다. 그러나 기대와는 달리, QR코드에 연결된 사이트는 해당 신문사의 인터넷 홈페이지였던 것이다.

표면적으로 볼 때, 신문을 보면서 온라인 홈페이지에 접속하도록 했다는 점은 박수를 칠 일이다. 하지만 정말 독자들이 그렇게 이용할까?

결과는 '노'였다. 신문에 게재된 이야기가 그대로 온라인에 올라가는데 이미 독자는 신문을 통해 정보를 얻었기 때문에 똑같은 내용이 게재된 온라인 홈페이지에 대해서는 관심을 갖질 않았다. 어찌 보면 필자가 실수한 명함 속 QR코드의 기능밖에 하지 못했다고 볼수 있다. 'QR코드를 활용할 줄 아는 신문사'라는 이미지를 독자들에게 전달한 것뿐이다.

이 역시 QR코드를 미디어에 활용한 실패 사례이다. 이는 QR코드의 성격을 제대로 이해하지 않은 데서 비롯된다.

QR코드는 인쇄물이나 시설에 직접 게재하거나 적어두지 못하는 상황에서 이용자에게 좀더 많은 정보를 주는 데 의미가 있다. 아주 좋은 사례라고 평가할 수는 없지만 엘리베이터를 보면, 외국계 업체는 자신들이 설비한 엘리베이터의 버튼 아래에 회사를 소개하는 QR코드를 붙여놓은 것을 볼 수 있다. 처음에는 업체명 옆에 부착된 QR코드에 어떤 콘텐츠가 들어 있을까라는 생각으로 스마트폰을 가져다댔는데 해당 업체 사이트가 곧바로 연결돼 있었다. '우리 회사는 이런 저런 설명보다는 직접 사이트로 들어와서 보면 됩니다'라는 의미로 생각했다.

하지만 그 이후부터는 엘리베이터 QR코드에 스마트폰을 갖다대지 않았으며 오히려 다른 기능이 들어 있다면 좀더 활용성이 높아질 것이라는 생각을 했다. 비상시 대처법에 대한 안내영상을 연결해놓으면 더 많이 활용될 것이라는 생각을 했다. '비상시에는 QR코드'를 이라는 문구를 써놓는다면 실제 비상 상황에서 엘리베이터에 갇혀 있는 사람이 안정을 취할 수 있을 것이라는 생각이 들었다.

QR코드는 모양 자체만으로 사람들에게 좋은 인상을 주지는 않는다. 흰 바탕에 검은 격자무늬는 사람들이 좋아할 만한 패턴이라고 보기는 어렵다. 오히려 디자인적인 면에서 다소 외면을 받았는데 이를 극복하기 위해 다양한 디자인적인 요소를 결합하는 등의 시도도 많았다. 포털 사이트에서는 QR코드를 생성할 때 수 십 가지 디자인 샘플을 제공하면서 QR코드를 볼 때 지루하지 않으면서도 디자인적으로도 뒤지지 않도록 해줬다. 필자 역시 QR코드를 활용할 때 검정색 격자무늬에 다양한 색상을 넣어 변화를 주기도 했다. 바탕과 격자무늬간의 명도차이가 확연하게 나타나면 인식하는 데 무리가 없기 때문에 그런 변화 역시 디자인적인 요소로 풀어나갈 수 있었다.

그렇다면 이러한 QR코드를 신문에 다시 결합시키려면 어떻게 해야 할까?

어찌 보면 그동안 상당수의 신문사에서 QR코드를 접목했기 때문에 다소 식상한 아이템일 수 있지만 상호 기능을 융합한다는 차원에서 새로운 방식을 찾아보는 것도 좋을 것이라 본다.

자, 그렇기 위해서는 QR코드의 기본 기능과 역할을 정립해봐야 할 것이다.

○ QR코드는 '+α'이다.

기존의 정보 매체에 제공하기에는 한계가 뒤따르는 정보를 QR코드를 통해 추가로 제공하는 기능을 말한다.

○ QR코드는 도구가 필요한 매체이다.

QR코드 홀로 정보를 제공하기에는 어려운 만큼 스마트폰을 비춰가며 인식한 뒤에 정보를 얻을 수 있는 한계를 가지고 있다.

○ QR코드는 온라인을 필요로 한다.

QR코드는 스마트폰을 인식해 새로운 정보를 제공할 수 있도록 돼 있어 온라인 서비스와 분리할 수가 없다. 온라인 서비스와 연계된 서비스가 필수다.

○ QR코드는 디자인으로 재탄생한다.

QR코드의 격자무늬는 오히려 일종의 혐오감을 줄 수도 있어 디자인적인 요소로 재탄생시킬 수 있어야 한다. 색상의 변화는 물론, 배경 그림과의 조화로운 배치를 통해 다양성을 줘야 한다.

○ QR코드는 정보성을 뛰어넘어 재미를 줘야 한다.

단순 정보를 주기 위해서는 QR코드보다는 오히려 인포그래픽이 더 낫다. QR코드를 반드시 이용할 수 있도록 하려면 도구가 필요한 매체라는 특성을 잘 활용해야 한다. 이를 위해 QR코드를 인식하는 행동을 유도할 수 있도록 재미요소를 반드시 넣어야 한다.

○ QR코드는 대가성 매체다.

스마트폰으로 QR코드를 인식하지 않는 것은 내가 아무것도 얻는 게 없기 때문이다. 단순 정보는 차라리 검색을 하면 되기 때문에 QR코드를 인식하는 행동을 이끌어내려면 대가를 줘야 한다. 공짜는 없기 때문이다.

○ QR코드는 이벤트성이다

QR코드는 그동안에도 그래 왔고 앞으로도 이벤트성으로 활용하는 방안이 최선이라고 생각한다. 도구가 필요한 매체는 콘텐츠를 전달하는 데 불편할 수 있다. 콘텐츠는 직관적이고 간편한 방법으로 전달될 때 많은 사람들에게 전달될 수 있기 때문이다.

뉴스와 실용 앱의 만남

2010년이 끝나갈 무렵, 필자는 혼자만의 힘으로 뉴스 애플리케이션을 제작해 아이튠스를 통해 배포했다. 기획부터 앱 코딩, 디자인까지 나름 원맨쇼 하듯 만든 생애 최초의 애플리케이션이었다. 더구나 개발 과정에서 엄청나게 고생한 앱이기도 하다. 애플에서는 자신들의 정책과 다른 앱의 아이튠스 배포를 허용하지 않는다. 7번 가량 거절되는 수모를 겪어가며, 한밤중 애플사에 비싼 국제전화비용을 부담하며 전화를 걸어 짧은 영어로 거절된 이유를 물었던 때가 아직도 기억 속에 뚜렷하게 남아 있다.

우여곡절 끝에 첫 애플리케이션이 배포됐고 그때 기분은 마치 아이를 낳은 것과 같은 느낌이었다. 당시에 기사로 보도된 내용이 기억난다. 한국 기자 최초로 자체 제작한 아이폰 어플이 출시돼 화제라는 말로 시작한다. 애플리케이션 이름은 '허브충청HubCC'이었다.

이 앱은 뉴스 미디어로서 현재 필자의 다양한 상상력에 자극을 주는 계기가 되기도 했다.

당시 국내에서는 선거 분위기로 달궈져 트위터가 한창 인기를 끌

필자가 보도한 실시간 뉴스를 비롯해 지역 영화관 소식, 충청지역
민들의 소식(동정, 인사, 결혼, 부음), 트위터를 통한 소통 정보, 제보
등의 기능이 포함됐다.

었던 때로 생각이 난다. 2010년 지방선거를 치르던 국내에서 트위터 선거열풍이 불었던 것이 기억난다. 당시 필자는 이미 트위터를 중단하고 페이스북으로 SNS를 이용할 때였다. 트위터는 이미 해외에서 날아오는 '듣보잡'들의 스팸광고로 가득했다. 진정한 소통이 안 될 것 같다는 생각에 페이스북으로 주거래처를 바꿨지만 한국 사정상 당시는 트위터가 통하는 때였던 만큼 다시 트위터 계정으로 돌아와 나름의 트윗 활동에 나섰던 때였다.

'허브충청' 앱은 기존의 뉴스 앱이라기보다는 소통의 가능성을 엿볼 수 있었던 앱이라고 생각한다. 어느 정도는 다운로드 실적이 나쁘지 않았던 허브충청 앱은 트위터와 연계된 서비스를 통해 새로운 개념의 소통을 꿈꿨다.

필자가 팔로잉하고 있는 사람들의 트윗을 필자가 리트윗RT하게 되면 그 정보가 허브충청 앱에 오르게 된다. 다른 사람들의 이야기를 앱에 올릴 수도 있지만 무분별한 이야기가 올라가지 않도록 나름의 관리 장치를 설정해 놓은 것이다. 지금은 대단한 기능이라고 볼 수는 없지만 당시에는 위치정보를 통해 상대방의 위치를 전달하는 애플리케이션 업체 대표로부터 연락을 받아 자신들의 앱을 홍보해달라고 요청을 받기도 했다. 여기에 한 C영화관의 지역 홍보담당자와 함께 그들의 트윗 내용을 올려 지역 영화관객들에게 새 소식을 전달하기도 했다. 지금 와서도 지역 뉴스가 앱을 통해 지역 사회에 새로운 방식으로 전달된 점에서 뿌듯하게 생각한다.

이후에도 뉴스와 앱의 결합은 이어졌다. '스타시크릿'이라는 다소 흥미 위주의 미디어 앱이었다. 이 앱을 다시 말하면 스타나 유명인들의 이야기를 보다 쉽게 찾아줄 수 있도록 하는 일종의 시맨틱 검색° 스타일을 적용했다.

사용자가 유명인의 이름을 검색하면 그 유명인에 대한 관련 검색어 카테고리를 제시하고 이를 구글, 네이버, 다음^{현 카카오}에서 검색될 수 있도록 해주는 기능이다. 스타들의 최근 동향을 살피는 동시에 스캔들에 대한 다양한 이야기를 손쉽게 찾도록 돕는 앱이다. 또 정치인들에 대한 불법, 논문 표절, 재산 등 사용자들이 관심을 가질 수 있는 항목들을 제시해 정보를 더욱 빠르게 찾을 수 있도록 도와주는 기능이었다. 여기에 RSS^{Really Simple Syndication, Rich Site Summary} 뉴스 소스를 받아와 이슈가 되는 인물의 이름을 검색창 하단에 올려주는 기능까지 선보이며 새로운 검색창 앱을 출시하기도 했다. 뉴스 콘텐츠를 유통할 수 있는 그런 앱을 만들었던 것이다. 뿐만 아니라 카카오톡을 통해 이모티콘을 비롯해 사자성어, 속담 등을 손쉽게 전달할 수 있도록 기능을 추가하기도 했다.

스타시크릿은 그 와중에도 시맨틱 검색을 많이 이용하는 사용자들에게는 포인트를 제공해 당시 유행했던 스마트폰 배경 파일을 제공했다. 물론, 스마트폰 배경 파일도 직접 제작했다.

° 컴퓨터가 사용자 대신 검색어의 의미를 분석·추론하여 정보를 찾아내고 관련된 다른 정보까지 함께 제공한다.

요즘 들어 뉴스와 관련된 앱 서비스를 보면, 대부분이 언론사의 이름으로 된 종합 뉴스 앱에 지나지 않는다. 지금도 그렇지만, 당시에 미디어 앱을 제작해 배포하면서 뉴스는 단순히 뉴스 앱을 통해서만 제공해서는 안 된다는 생각을 했다. 그렇다보니 뉴스 앱보다는 뉴스와 함께 다른 서비스를 제공하는 앱에 눈이 더 가기 마련이다.

뉴스가 실용 앱과 만나야만 하는 데는 뉴스를 소비하는 사람들에게 콘텐츠가 전달될 수 있도록 다각적인 뉴스 유통 구조를 만들어야 한다는 차원에서 매우 중요하다고 본다. 앞서 필자가 만들었던 앱에서도 뉴스는 기존의 네이버 등의 포털 사이트 이외의 경로를 통해서도 유통될 수 있다는 가능성을 알 수 있다. 포털 검색만 된다고 해서 전부가 되지 않는다는 개념이다. 이 말은 기존 포털 사이트인 대형 뉴스 플랫폼을 거치지 말아야 한다는 얘기로 해석해주길 바란다.

그동안 포털 서비스는 뉴스 콘텐츠를 공짜로 이용했다고 해도 과언이 아니다. 더구나 요즘에는 포털 서비스를 통한 뉴스의 신뢰도가 언론사 순위의 상위권에 속해 있을 정도다. 그만큼 언론사들은 포털 서비스에서 검색되기만을 바라고 있다. 지금도 포털 서비스 검색 결과에 나오기만을 원하는 신생 언론사들도 부지기수이다.

예전에는 포털 서비스 검색 결과를 따라 들어오는 유입률이 엄청 났다. 급증한 유입률에 중소 언론사들은 때론 서버 마비로 홈페이지가 다운되는 경우도 있었다. 뿐만 아니라 구글 애드센스를 연결한 상태에서 한 달 수백만 원대 수익을 올리던 광고수익이 적게는 몇

천만 원까지 상승하는 경우도 있었다.

이는 어뷰징 기사들이 난무했을 때의 얘기다. 검색어를 이용해서 클릭 수를 늘리거나 검색어 순위에 올리기 위해 클릭 수를 조작하는 것을 어뷰징이라고 한다. 그동안 많은 언론사들이 연예나 스포츠 기사를 통해 의도적으로 클릭 수를 늘리기 위해 혈안이었다. 결국 이들 언론사들은 포털 서비스업체의 철퇴를 정면으로 맞을 수밖에 없었다. 포털 서비스 업체들은 검색 결과에서 해당 언론사들의 뉴스를 제외시켜버리는 강수를 두게 된 것이다. 포털 서비스 검색에서 제외되면서 또다시 언론사들의 이용자 유입률은 예전처럼 별 볼일이 없어졌다. 구글 애드센스 광고 수익률이 급감했지만 어쩔 수 없는 상황이었다.

이를 플랫폼의 횡포라고 부를 수도 있지만 그동안 언론이 해도 해도 너무한 것은 사실이다. 포털 서비스가 언론의 뉴스를 가지고 초기 시장을 개척해나갈 수 있었던 점을 든다면 언론입장에서도 할 말을 있다. 하지만 그런 입장은 시장 논리에서는 한낱 불평에 지나지 않는다. 포털 서비스 업체 입장에서는 자신들의 서버 용량을 소모해가면서 구글 애드센스 광고를 수익으로 가져간다는 점에 대해 배가 아팠을 것이다. 수수료라도 냈으면 상황이 조금은 달라졌을지도 모르겠지만 구글 애드센스는 별도의 계약사항이기 때문에 포털 서비스 입장에서는 서버 이용을 무료로 제공하지 않겠다는 입장을 보인 것이다.

결국 포털 서비스 검색에서 제외된 언론사들은 포털 서비스 업체의 심사를 받게 되고 이제는 포털의 정책을 불평 없이 따르는 '힘없는 어린 양'이 돼 버렸다. 이런 모습은 결국, 유통구조가 불균형을 이뤘기 때문으로 생각하면 된다. 포털 서비스에서 모든 뉴스가 유통되기 때문에 유통 플랫폼을 보유한 포털 서비스 업체에게는 큰 소리도 칠 수 없게 된 것이다. 이런 점에서 뉴스 콘텐츠를 다양한 실용 앱과 어울리게 만든다면 자칫 포털 서비스 검색 결과에서 제외되더라도 큰 걱정을 하지 않을 수 있다.

그런 차원에서 앱 개발업체에 큰 돈을 들여 뉴스 앱을 만들 것이 아니라 사람들이 많이 쓰는 공공 앱이나 소규모 민간 앱과의 결합을 통해 뉴스 유통 구조의 폴트폴리오를 만들어나가는 것이 좋다. 주식 투자에서 많이 활용되는 영국 속담인 '계란은 한 바구니에 담지 마라'는 개념은 뉴스 유통에서도 통한다. 계란은 뉴스 콘텐츠이며 바구니는 유통 플랫폼으로 대체하면 된다.

뉴스를 시장 1위 검색의 특정 플랫폼에만 제공했을 때에는 자칫 자신들의 정책에 맞지 않은 뉴스는 아예 제외시켜버린다. 그런 위험에서 벗어나기 위해서는 실용 앱과의 결합이 무엇보다도 필요하다.

중소 언론사의 사이트 유입률을 살펴볼 때, 현시점에서는 포털 서비스 검색을 통한 접속, 홈페이지 직접 접속, SNS를 통한 접속, 자체 앱이 있다면 앱을 통한 접속으로 유입경로를 단순화할 수 있다. 그러나 80~90% 가량이 포털 서비스 검색을 통한 접속일 것이다. 현재 온라인 뉴스 유통 구조상 포털 검색이 시장을 독점하고 있다고 해도 과언이 아니기 때문이다.

그렇다면 계란을 나눠 담기 위해 어떻게 하면 될까?

언론사별로 요즘에는 모바일 웹을 대부분 만들어놓았다. 모바일 웹 페이지를 실용 앱에 끼워 넣는 방법을 찾아보면 어떨까?

실제로 대전버스라는 앱에는 앱 개발 초창기부터 필자가 몸담고 있는 중도일보의 문화관련 뉴스가 아직도 앱 안에 들어 있다. 종합 일간지가 생산하는 모든 뉴스 콘텐츠를 스마트폰 이용자들이 보는 것이 아닌 만큼 실용 앱이 원하는 콘텐츠에 맞게 분야별로 나눠 유입경로를 다각화시키는 것이 중요하다. 어떤 이는 뉴스 콘텐츠를 통해 다른 앱들이 포털 서비스업체처럼 자신들의 사업만 키우는 것은 아니냐고 말하기도 한다. 이런 시각은 자신들의 뉴스 콘텐츠에 대한 RSS 데이터를 막고 활용되지 못하게 하는 정책으로 이어진다. 실제 상당수의 언론사들은 RSS 서비스를 제한적으로 내놓는다. 하지만 이는 모르는 소리이다.

뉴스 때문에 기존 사업이 커지기에는 쉽지 않다. 기존 서비스가 경쟁력을 갖고 차별화해 사용자들이 스스로 앱을 내려받고 이용해야만 성공하는 것이기 때문이다. 어찌 보면 기존 실용 앱들이 기능적인 방향으로 치우치지 않게 뉴스 콘텐츠를 넣어 이용자들의 또 다른 욕구를 충족시켜주는 것이고 언론사 입장에서는 새로운 뉴스 유입경로를 얻을 수 있기 때문에 상부상조한다고 보는 게 맞다.

언론사 홈페이지를 보면 뉴스 카테고리가 대략 이렇게 구분된다. 필자가 근무하는 곳을 보더라도 카테고리가 다양하게 마련돼 있다.

뉴스 콘텐츠 카테고리

○ 뉴스 = 속보, 대전, 충남/내포, 세종, 정치·행정, 스포츠, 문화, 사람들, 기획특집, 포토존

○ 경제/과학 = 지역경제, 건설/부동산, 금융/증권, 유통/쇼핑, 기업/CEO, 취업/창업, 대전정부청사, 대덕특구

○ 사회/교육 = 사건/사고, 법원/검찰, 교육/시험, 노동/노사, 환경/교통, 미담/화제

○ 충청소식 = 세종, 천안, 아산, 공주, 보령, 서산, 논산, 계룡, 금산, 연기, 부여, 서천, 청양, 홍성, 예산, 태안, 당진, 충북

○ 오피니언 = 사설, 데스크 시각, 미디어의 눈, 청풍명월, 사외 칼럼, 독자 칼럼, 최충식의 문화토크, 시시각각

○ JDTV = 기획, 도정소식, 스포츠 종합, 잇츠 대전뉴스

○ 맛집 = e-맛집, 맛수다

○ 입시 = 입시

뉴스 콘텐츠 카테고리는 대분류 8개, 소분류 57개에 달한다. 57개의 소분류 뉴스 콘텐츠 카테고리 자체가 각각의 분야로서 의미가 있다. 뉴스 사이트 전체를 결합하는 것은 어렵지만 소분류 뉴스 카테고리를 민간 실용 앱들과 결합시키는 것은 어렵지 않다.

여기에 또 다른 소분류도 존재한다. 2010년에 필자가 했던 방법이 포함되는데, 해당 기자의 뉴스만을 모아 볼 수 있도록 하는 정보를 제공할 수도 있다. 이렇게 될 경우에는 소분류 카테고리는 100개

를 훌쩍 뛰어넘는다.

그렇다면 이렇게 해보기로 하자. 소분류 카테고리를 100개라고 가정하고, 각각의 소분류에 맞춘 실용 앱 100개를 섭외하는 것이다. 실용 앱별로는 다운로드 수가 1만 건 정도라도 나쁘지 않다.

그런 실용 앱은 상당수가 개인이 만든 앱이거나 프로젝트 팀일 가능성이 높다. 오히려 뉴스 콘텐츠를 저작권 없이 이용할 수 있다면 그들이 더 반길 것이다. 저작권은 일정부분 허용하되 지속적으로 언론사 홈페이지로 유입이 가능한 페이지를 넣거나 직접 링크_뉴스 제목을 누르게 되면 곧바로 해당 사이트로 페이지가 이동하는 방식를 삽입할 수 있도록 협의한다.

100개 정도의 실용 앱과 뉴스 콘텐츠를 공유한다고 하면 언론사에서는 실용 앱을 홍보해주면서 실용 앱의 이용률을 높여주는 것도 좋다. 이때 앱 개발자의 수익을 높이는 데만 도움을 주는 것으로 오해할 수 있다. 앱 개발자들은 무료 앱을 내놓을 때는 광고를 붙여 수익을 올리고 광고를 넣지 않을 때에는 유료 앱으로 배포한다.

그렇더라도 홍보와 동시에 언론사가 얻는 것은 해당 앱의 뉴스 콘텐츠를 이용할 수 있는 잠재고객이다. 잠재고객을 추가로 확보할 뿐 아니라 이들 중 일부는 뉴스 콘텐츠를 해당 앱에서 이용할 가능성이 높아진다. 유입경로는 각각의 실용 앱으로 분산된다. 이런 실용 앱이 늘어날수록 포털 서비스에 의존하기만 하는 기존 뉴스 유통 생태계에서 독립할 수 있는 노하우를 얻게 될 것이다.

6년의 앱 개발 및 기획 경력으로 미뤄볼 때 언론사에서는 기존

앱 시장에 대해 자신들의 앱만으로 승부를 내려는 경향이 있다. 독자적인 앱을 개발해 배포하려면 아직도 비용적인 부분을 무시할 수 없다. 그래서 언론사는 2가지 타입으로 분류됐다. 앱이 있는 언론사와 앱이 없는 언론사이다. 앱을 만들어서 상용화할 여력이 있는 언론사가 아니라면 앱 시장은 완전히 포기할 수밖에 없는 상황이었다. 앱을 만들어서 배포한다는 것 자체가 언론사의 경쟁력을 알리는 수단으로 생각하는 언론인들이 아직도 많다.

하지만 정작 중요한 것은 앱을 만든 주요 언론사라고 하더라도 이후 뉴스 콘텐츠의 변화는 그대로일 뿐 더 이상의 앱 개발을 중단한 곳도 다수 있다. 뿐만 아니라 갈수록 업그레이드되는 운영체제os와 하드웨어로 인해 지속적으로 앱을 업그레이드시켜야 하지만 추가로 발생되는 비용 때문에 업그레이드를 중단해 일부는 기능이 원활하게 작동되지 않는 앱도 있다. 비용이 발생하는 것에 대비해 효과를 제대로 얻지 못했기 때문이다. 주요 언론사 역시 다양한 앱을 개발해왔지만 이제는 사장된 앱도 한둘이 아니다. 만약 언론사들의 뉴스 콘텐츠를 쪼개내 다른 실용 앱들과 결합시켰다면 상황은 지금과는 상당히 달라졌을 것으로 생각한다.

예를 들어 민간 날씨 앱에 생활정보나 재테크 뉴스 콘텐츠를 독점적으로 공급한다면 어떨까?

매일 날씨를 들여다보는 사람들은 날씨 앱만큼 자주 사용하는 앱이 없기 때문에 오히려 별도의 뉴스 앱보다는 뉴스 콘텐츠에 노출되기 쉽다. 이렇게 되면 앱의 수익구조에도 도움이 될 것이며 앱의 사용자가 늘어날수록 뉴스 콘텐츠의 유통이 보다 원활해지기 마련이다.

뉴스 콘텐츠는 저작권이 있기 때문에 언론사들은 그 저작권을 놓으려는 생각을 하기가 어렵다. 지금도 카페나 블로그에는 뉴스 콘텐츠를 그대로 복사해서 붙여 넣는 일이 비일비재한데도 말이다. 하지만 반대로 실용 앱을 만드는 개발자들이 뉴스 콘텐츠를 보다 자유롭게 활용할 수 있도록 소스를 나눠주고 개발할 수 있는 환경을 만들어준다면 어떨까?

게임 전문 엔진을 개발하는 유니티의 경우만 보더라도 고퀄리티의 게임 소스를 무료로 내주면서 개발자들이 자체 엔진을 활용해서 게임을 개발할 수 있도록 하고 있다. 개인 개발자들의 경우에는 일부 고사양 기능이 제한된 엔진을 이용할 수 있다. 제한된 프로그램이지만 고퀄리티의 소스를 받아 향후 게임을 제작해 판매하는 개인사업자가 될 때 완전한 프로그램을 살 수 있도록 시장을 확대한다는 개념이다.

흔히들 '파이를 키워야 한다'는 말은 많이 하지만 정작 뉴스 콘텐츠를 생산하는 언론산업에서는 파이를 키우기보다는 '땅 따먹기'식의 영토 전쟁만 할 뿐이다. 그렇다보니 레드 오션 속에서만 뉴스 콘텐츠 사업을 할 수밖에 없어 끊임없이 악순환을 반복하고 있는 형국이다.

뉴스 콘텐츠를 마음대로 이용하도록 하고 광고 수익을 나눠 갖는 비즈니스 모델을 구축해 실용 앱을 만드는 개발업체, 팀, 개인학생 포함들이 자유롭게 참여할 수 있도록 한다면 뉴스 콘텐츠 시장은 저절로 커질 것이다. 이 점을 콘텐츠를 기획하는 사람들은 꼭 기억해주길 바란다.

새로운 뉴스 콘텐츠 유통 시장은 폐쇄성보다는 개방성에서 발전돼야 한다.

GPS, 너는 사건을 기억하니?

　이왕 모바일과 앱 기반의 뉴스 콘텐츠 시장에 대해 얘기를 하고 있는 만큼 그동안 가지고 있었던 아이디어를 하나 풀어보려고 한다. 2010년 앱 개발 공부에 한창이었을 때 그려봤던 개념인데, 아직도 이 개념을 잘만 활용하면 여러 방면에 활용이 가능하리라 생각된다.

　요즘에는 위치기반 정보를 활용해 'O2O' 서비스가 확대되고 있기 때문에 오히려 현재 시점에서 뉴스 콘텐츠의 위치기반 서비스가 안성맞춤이라고 생각된다. O2O 서비스를 풀어 얘기한다면 'online to offline'으로 말할 수 있겠다. '온라인에서 오프라인으로'라는 해석이 가능하다. 온라인과 오프라인의 서비스를 결합해 사용자들이 편리하게 서비스를 받을 수 있도록 한다는 개념에서 출발한다.

　대표적인 서비스는 단연 카카오택시이다. 스마트폰으로 콜택시를 부르고 택시의 위치를 실시간으로 지도상에서 확인할 수 있다. 택시에 탑승해서도 안심 메시지를 보내 자신의 행방을 지인에게 알릴 수 있으니 늦은 밤 택시를 타는 여성들에게는 최고의 서비스라는 평가는 받는다.

최근에는 모 포인트 카드 애플리케이션을 다운받아놓고 근처 상가를 지나가게 되면 상가의 오늘 할인 상품이 알림 서비스로 전송된다. 알림 서비스에 곧바로 지나가던 발길을 돌려 상가로 들어가게 하는 서비스인 것이다. 이 같은 알림은 마치 지나가는 행인에게 상품을 구매하라는 일종의 마케팅이다.

얼마 전 LH한국토지주택공사 대전충남지역본부의 벽면에 붙어 있던 문구가 생각난다.

"구매의사를 묻는 것만으로도 구매율을 35%올릴 수 있습니다"라는 넛지Nudge이다.

온라인과 오프라인의 이 같은 결합과 관련이 있는 요소는 바로 위치정보인 GPS 정보이다. 이 GPS 정보를 뉴스 콘텐츠 시장과 연결해본다면 어떨까?

앞서 카드 애플리케이션에서 어느 정도 공통점을 찾아보면 생각하기가 보다 쉬울 것 같다. 사건사고 뉴스의 경우, 상당수가 시각과 위치가 정확하게 기사에 나온다. 그렇다면 시각 정보와 위치 정보를 구분하고 단어를 분석해 사건사고의 유형을 세분화할 수 있

○ 원래 '팔꿈치로 슬쩍 찌르다' '주의를 환기시키다'라는 뜻이다. 행동경제학자 리처드 탈러(Richard H. Thaler)와 법률가 캐스 선스타인(Cass R. Sunstein)이 《넛지(Nudge)》란 책에서 '타인의 선택을 유도하는 부드러운 개입'이라고 정의내렸다. 금지와 강제가 아닌 부드러운 권유로 타인의 바른 선택을 돕는 것이 넛지이다.

을 것이다.

예를 든다면 스마트폰을 들고 가는 한 젊은 여성이 어느 한적한 골목길을 지나가야 하는데 해당 앱이 있다면 근처에서 범죄 사실이 발생한 알림을 전해줘 해당 지역을 우회해서 지나가게 할 것이다. 아예 사건사고 뉴스를 분석해 위치 정보와 결합시켜놓았을 경우에 가능한 서비스가 될 것이다.

사실 포털 사이트를 살펴보면 지역별 뉴스가 나온다. 예를 들면 대전 서구라는 지역 정보가 나올 경우, 서구지역의 뉴스식으로 분류가 가능하다. 그러나 그런 방식은 O2O 시대에 걸맞지 않은 콘텐츠라는 데 손을 들고 싶다.

GPS 정보를 뉴스 콘텐츠에 적용시키기 위해서는 어떠한 방법을 이용하면 좋을까?

우선 앞서 얘기했던 사건사고의 경우에는 상당부분 장소에 대한 설명이 구체적이다. '언제, 어디서, 누가, 무엇을, 어떻게, 왜'라는 6하 원칙의 요소가 대부분 들어있기 때문이다. 구체적인 GPS 정보를 얻기 위해서는 도로명 주소처럼 정확하게 표기를 해야겠지만 사건사고 뉴스는 상당부분 행정동 정보까지는 표기한다. 정책 기사나 법조문 관련 기사는 주소 개념이 없다보니 위치 정보와는 관계가 없다. 추상적인 개념에 위치 정보를 반영한다는 것은 어불성설일뿐이다. 하지만 구체적인 건물명이 있는 기사는 어떨까? 지역명과 건물명만 있더라도 정확한 주소나 GPS값을 알 수 있기 때문에 관련 뉴스와 위치 정보를 결합하기가 수월해진다.

이와 같은 위치 정보값이 뉴스에 포함될 수 있다면 유통관련 기사의 경우에는 특정 백화점에서의 세일 정보 및 행사 기사를 방문과 동시에 읽어볼 수가 있다.

이 밖에도 역사적인 사실에 대한 뉴스 콘텐츠와 위치 정보가 결합할 경우에는 어떤 모습이 될 수 있을까?

스마트폰을 가지고 도심을 거닐 때면 이미 옛 역사의 현장이 어느 곳인지 확인할 수도 있을 것이다. 지금은 새로운 빌딩으로 대체된 근대역사 건물이나 위인 또는 유명인의 생가 및 활동에 대한 콘텐츠 역시 스마트폰을 소지한 이용자들에게는 좋은 정보가 될 수 있다. 한층 업그레이드된다면 빅데이터와 GPS 간 결합을 통해 새로운 개념의 뉴스 콘텐츠를 생산해낼 수 있을 것으로 기대된다.

위치 정보가 포함된 뉴스 콘텐츠는 그야말로 지역밀착형 콘텐츠일 수밖에 없다. 해당 위치에 가야만 알 수 있는 정보들로 구성되기 때문에 사용자들은 해당 위치에서 새로운 가치를 얻어낼 수가 있다.

예전에 어떤 네비게이션의 경우에는 운전자가 광역자치구역을 지나 새로운 지역으로 들어설 때 해당지역의 사투리로 안내를 하는 것이 생각난다. 이미 O2O가 수년 전 네비게이션에서 적용된 것이 아닐까?

위치 정보가 결합된 뉴스 콘텐츠는 앞서 언급한 것처럼 안전과 관련된 방향에서 충분히 활용할 수 있는 방법이 많다. 필자는 이와 같은 위치기반 콘텐츠에 대해 'GPS가 팩트를 기억하고 있다'는 표현을 하고 싶다.

실제 필자가 연구과제를 위해 제작한 위치기반형 증강현실 상점 마케팅 앱은 해당 상점의 입구 방향을 스마트폰 화면으로 바라보면 앱이 해당 상점의 정보를 제공해준다. 내부에 진열된 상품과 가격, 이벤트 정보 등을 미리 앱에 저장해 놓은 뒤 GPS 기능을 활용한 사례로, 사용자가 원하는 장소에 가거나 그곳을 스마트폰으로 비추면 이미 저장돼 기억해놓은 해당 정보가 비로소 이용자에게 전달된다. 이는 사진을 촬영하면 여럿이 보는 지도 위 촬영 지점에 사진이 저장돼 누구나 해당 사진을 볼 수 있게 해주는 서비스와 다르지 않다.

위치 정보가 기억된 하나의 콘텐츠 정보가 동일한 위치에 도달했을 때 또는 해당 지역을 지도에서 찾았을 때 나오게 된다는 개념인 만큼 콘텐츠를 만들고 미디어를 기획하는 차원에서는 매력적인 대상이라고 생각한다.

행사를 하더라도 시각과 위치가 중요하듯이 모든 콘텐츠가 위치 정보와 접목이 된다면 새로운 영역의 미디어로 사람들에게 호응을 얻을 수 있을 것으로 예상해본다.

05

미디어는
지금
내
손안에

미디어 융합 레시피

　콘텐츠가 이용자들에게 제대로 전달되려면 이용자들이 손쉽게 이용하고 있는 미디어를 섭렵해야 하는 것은 당연한 얘기다. 그러나 기존의 미디어에서는 변화는 곧 실패라는 두려움 때문에 미디어의 다양한 변화 앞에서 고개를 숙이는 게 현실이다.

　언론사나 많은 미디어 기업들은 아직도 기존의 매체로 어떻게 하면 이용자 유입률을 높일 수 있을지에만 관심을 쏟고 있다.

　예를 들어 홈페이지 유입률을 순위로 보여주는 사이트를 기준으로 경쟁사보다도 순위에서 낮게 나오면 무조건 순위를 올려놓으라는 식이다. 콘텐츠의 방향과 이용자들의 성향을 파악하기에 앞서 유입률부터 높일 생각을 하다 보니 아직도 상당수의 인터넷 언론들은 스포츠와 연예 기사를 올리기에만 바쁘다. 이에 대해 기사 검색 서비스를 제공해주고 있는 포털 사이트는 조회수만 높이려는 어뷰징 기사를 작성하는 언론사에 대해 검색결과에서 제외시키는 강수를 두고 있는 상황이다. 하지만 이 역시도 어려운 일이다. 유행했던 한 노래 가사처럼 '어뷰징인 듯, 어뷰징 아닌, 어뷰징 같은' 기사들은 아직도 계속해서 온라인 검색에서 기승을 부리고 있기 때문이다.

그렇다보니 이미 어뷰징 부류에 속하는 기사이더라도 유입률을 끌어 오기엔 한계가 많다. 이미 이 시장도 온라인 매체를 운영하는 수많은 언론이 있어서 레드오션이 돼 버린지 오래다. 이런 상황이기 때문에 전략을 바꿔야 한다. 자체 제작한 뉴스 콘텐츠를 필요로 하는 이용자에게 정확하게 전달하고 그들이 원하는 콘텐츠를 생산해낼 수 있는 시스템. 이것이야 말로 미디어 융합 레시피의 기본이라고 본다.

이용자들이 원하는 콘텐츠를 만들기 위해서는 콘텐츠가 게시될 수 있는 공간이 되는 미디어의 종류를 먼저 파악하는 것이 중요하다.

미디어의 종류

- 신문
- PC 기반 웹 홈페이지
- 모바일 기반 웹 홈페이지
- 블로그
- 카페
- SNS소셜 네트워크 서비스
- 애플리케이션안드로이드, iOS
- QR코드
- 외부 전광판

- 생활정보지
- 라디오
- 팟캐스트
- 티켓영화티켓, 고속버스 티켓 등
- 종이컵
- 명함
- 3D 사진

일반적으로 우리가 생각하는 미디어에 대한 고정관념을 깨야만 비로소 미디어와 다양하게 융합할 수가 있다. 위에 제시된 미디어의 종류 가운데에는 흔히 미디어에 어울릴만한 것도 있지만 어쩌면 저런 게 미디어가 될 것인가에 대해 의문을 제시할 만한 아이템도 보인다. 미디어를 융합하기에 앞서 미디어의 가능성을 열어두지 않는다면 어떠한 새로운 시도도 할 수가 없다.

미디어의 종류가 어느 정도 정해졌다면 미디어의 특성을 세분화하는 게 좋다.

미디어의 특징

	이용자 접근성	가능한 콘텐츠	지속성	취약점
신문	독자만 가능	글, 그림, 사진	하루 1번 지속	신문 가독률 떨어짐
PC 기반 웹 홈페이지	컴퓨터 이용자	글, 그림, 사진, 동영상, 음성	수시	PC 이용시간 감소
모바일 기반 웹 홈페이지	스마트폰 이용자	글, 그림, 사진, 동영상, 음성	수시	홈페이지 직접 유입률 낮음
블로그	컴퓨터·스마트폰 이용자	글, 그림, 사진, 동영상, 음성	수시 또는 임시	전문성 키우기 어려움
카페	카페 회원	글, 그림, 사진, 동영상, 음성	수시 또는 임시	카페 외부 전파 어려움
SNS(소셜 네트워크 서비스)	친구 관계 (폐쇄형)	글, 그림, 사진, 동영상, 음성	수시 또는 임시	게시글 홍수 속 가독률 낮음
애플리케이션 (안드로이드, iOS)	앱 다운로드 이용자	글, 그림, 사진, 동영상, 음성	수시 또는 임시	업그레이드 등 관리 비용 부담
QR코드	스마트폰 이용자	글, 그림, 사진, 동영상, 음성	1회성	스마트폰이 필요함
외부 전광판	통행자	글, 그림, 사진, 동영상, 음성	수시	표현 방식이 단조로움
생활정보지	생활정보 이용자	글, 그림, 사진	하루 1번 지속	구독자 성향이 단일함
라디오	라디오 사용자	음성	수시	비주얼 성격이 약해 신뢰도 하락
팟캐스트	스마트폰 이용자	음성	수시 또는 임시	비주얼 성격이 약해 신뢰도 하락
티켓(영화티켓, 고속버스 티켓 등)	구매자	글, 그림, 사진	수시	표현 내용 단순
종이컵	종이컵 구매 및 이용자	글, 그림, 사진	1회성	상세한 내용 게재는 어려움
명함	불특정 다수	글, 그림, 사진	1회성	명함의 실제 활용도가 낮음
3D 사진첩	3D 안경 소지자	글, 그림, 사진	임시	3D 안경이 필요함

각각의 미디어마다 이러한 특성이 있다. 기존의 언론사이든, 1인 미디어를 만들기 위해 준비 중이든 간에 각각의 미디어에 대한 세부적인 상항을 충분히 따져봐야 한다.

일단, 이용자의 접근성을 살펴보는 것이 중요하다. 이용자들이 어떤 경로로 해당 미디어를 살펴보는가를 파악할 수 있는 지표가 될 것이다. 신문을 보면, 독자들이 콘텐츠를 소비할 것이다. 독자 가운데에서도 기본적으로 정기적으로 신문 구독료를 납입하고 보는 구독자가 있을 테지만 일부 기관에서 소외계층의 정보 차별을 막기 위해 위문지로 구독하는 경우도 있다. 뿐만 아니라 가판에서 보급되는 신문도 있다. 신문 하나만 보더라도 구독자에 대한 분류가 이렇게 다양하다.

최근 중국 출장에서 돌아오면서 눈에 띈 것은 비행기에 오르기 직전 입구 앞에 세워놓은 가판에서 중국인을 대상으로 한 연예 섹션지였다. 한류 스타들의 패션 스타일을 분석해놓은 기사는 물론, 한국 화장품을 어떻게 하면 잘 이용할 수 있을지 등에 대해 사진과 함께 중국어로 게재돼 있었다. 중국 관광객 수가 급증하면서 이미 해당 언론사에서는 이들의 손에 자신들의 신문이 쥐어질 수 있도록 고민을 한 흔적을 찾을 수 있었다. 물론, 중국인들의 구매욕구를 높여줄 수 있도록 화장품 광고와 중국 진출을 하려는 기업들의 상품을 광고로 내놓고 있었다.

두 번째로 가능한 콘텐츠가 무엇인지에 대해서도 충분히 고민을 해봐야 한다. 가능한 콘텐츠라고 하면 일반적으로 글을 비롯해 그림

삽화를 비롯해 그래픽, 도표, 인포그래픽 등 별도 가공한 그래픽 자료, 사진, 동영상, 음성 등이 있다. 대부분의 미디어에서는 5가지 콘텐츠 방식으로 뉴스 콘텐츠를 생산해낸다. 다만 자체적으로 콘텐츠를 제작할 수 있는지 여부를 따져봐야 하는데, 이는 비슷한 미디어를 활용하는 경쟁사나 경쟁자와 차별화가 가능한지를 판단할 수 있는 중요한 지표가 된다. 경쟁이 되는 미디어에서는 글, 그림, 사진, 동영상까지 제공하고 있는데 이와 달리, 콘텐츠의 방식이 단조롭다면 이용자들의 관심을 끌 수가 없기 때문이다. 콘셉트 자체가 제한적인 콘텐츠를 이용한 방식이라면 질적인 수준이 경쟁 미디어보다는 높아야 한다. 경쟁력을 갖춘 콘텐츠를 생산해낼 수 있는지에 대해서는 앞서 얘기했던 콘텐츠 생산에 필요한 기술을 어느 정도까지 익혔는지에 대한 점검 과정이 필요하다는 것을 잊지 말아야 한다.

그 다음으로 중요하는 것은 지속성이다. 지속적으로 콘텐츠를 생산해낼 수 있는지에 따라 이용자들의 선호도가 달라지기 때문이다. 예를 들어 자신이 새로운 미디어라고 만든 블로그를 운영하면서 하루에 3건의 콘텐츠를 게시하던 것에서 이틀에 3건, 사흘에 3건씩으로 게시되는 콘텐츠의 패턴이 줄어들거나 콘텐츠 양이 그때마다 달라질 경우에는 이용자들의 외면을 받기 일쑤이다.

필자의 경우에도 SNS를 오래전부터 이용해왔으며 한때는 게시글이 줄을 이을 정도로 많았다. 하지만 최근에는 바쁜 업무 핑계로 SNS에 콘텐츠를 게시한 것이 수개월 전이다. 한때 매일 아침 운동한 사진을 SNS에 올릴 때에는 '좋아요' 수가 수십 건 정도 지속적으

로 생겨났다. 그런 와중에 아침 운동을 하는 지역 인사들과의 소통
도 활발했다. 하지만 지금은 운동 내용을 올리지 않을 뿐더러, 해당
SNS 접속도 하지 않아 온라인 소통이 멈춘 상태이다. 다시 시작하
면서 다양한 콘텐츠를 올려볼까라는 생각을 해봤지만 계속해서 콘
텐츠를 올릴 수 있을지 의문만 든다. 미디어를 유지하기 위해서는 지
속가능한 콘텐츠 게재는 빠트려서는 안 될 요소이다.

　마지막으로 미디어별 취약점을 반드시 따져봐야 한다. 미디어의
장점만을 이용한다면 취약점이 있을까라는 생각도 해보겠지만 그렇
지 않다. 각각의 미디어는 나름의 취약점을 가지고 있는데, 그 점 때
문에 미디어를 제대로 운영할 수 없는 경우도 있기 때문에 미디어를
기획하기에 앞서 취약점도 잘 파악해둬야 한다. 혹자는 애플리케이
션을 하나 만들어서 콘텐츠를 올릴 수 있도록 해준다면 별 문제는
없을 것이라고 얘기한다. 그러나 그런 말을 한다면 분명, 앱 개발이
나 서비스에 대해 초보자일 가능성이 높다.

　아이폰3GS 기종이 나오면서 국내 스마트폰 시장이 활성화됐는데
초창기 앱 개발 비용은 간단하더라도 수백만 원에서 수천만 원에 달
했다. 앱 서비스를 하려는 수요자들이 급증한 반면, 앱 개발자 수가
많지 않았기 때문이다. 하지만 지금은 간단한 뉴스 콘텐츠 기능 정
도가 들어간 앱을 만들어 줄 수 있는 업체가 수두룩하다. 개인도 만
들어줄 수 있기 때문에 개발 비용은 그만큼 줄어든 것은 맞는 얘기
다. 그렇더라도 안정적으로 관리할 수 있는 뉴스 앱을 만드는 데는
아직도 수백 만 원에 달하는 비용이 든다. 앱이라는 미디어를 이용

할 경우에는 이러한 비용적인 면을 무시할 수가 없다.

안드로이드와 iOS 개통의 운영체제를 이용하는 앱이 전체 앱 시장을 반영한다고 해도 과언이 아니다. 이런 가운데 각각의 운영체제에 대한 업그레이드가 진행되면 앱 역시 개선된 기능에 맞춰 업그레이드를 해줘야 한다. 프로그램을 업그레이드하기 때문에 기존에 개발한 앱이 새로운 운영체제 안에서 정상적으로 작동하지 않는 경우가 많다. IT서비스에서 일어나는 일종의 오류인 '버그'가 발생하게 되면 추가 업그레이드를 하지 않는다면 아예 앱을 이용할 수 없는 상황까지 맞게 된다.

그렇다고 이러한 업그레이드가 무료로 진행될까?

그렇지 않다. 개발 업체에서는 업그레이드 횟수까지 추가 비용으로 제시하고 있기 때문에 정상적인 서비스를 이어나가기 위해서는 앱 업그레이드는 필수이다.

하드웨어의 변화 역시 앱 업그레이드를 해야 하는 원인이 된다. 요즘 들어서는 스마트폰의 화면 사이즈가 커지고 이에 맞춰 가로세로 사이즈가 각각 달라진다. 이런 상태에서 업그레이드를 하지 않게 되면 화면의 일부분이 검정색으로 변하는 등 앱을 이용할 수 있는 화면 공간이 줄어들게 된다. 이 역시 업그레이드를 해야 하는데 비용을 감당하기에는 부담이 크다. 비용 문제를 해결할 수 있다면 앱을 이용해 다양한 콘텐츠를 만들 수 있겠지만 그렇지 않다면 비용 부담을 최소화할 수 있는 미디어를 택하는 것이 낫다.

이렇게 미디어의 특성을 파악했다면 다음부터 서로의 장점을 두루 살펴 융합해야 한다. 앞서 얘기한 것처럼 신문에서의 QR코드 적용 역시 미디어 융합 중 하나의 기술이라고 본다. 미디어의 융합을 통해 이용자들에게 그들이 필요한 콘텐츠를 정확하게 전달하는 게 무엇보다도 중요하다.

미디어 융합은 무조건 미디어 간 결합을 의미하는 것이 아니다. 미디어에도 각각의 융합을 하기 위한 궁합을 맞춰봐야 한다. 궁합이 맞지 않는 미디어 간 융합은 서비스를 하더라도 만족할만한 결과를 얻어내지 못한다. 필자가 신문지면에서 시도했던 3D 보도 사진 사례가 어찌 보면 궁합이 맞지 않는 미디어 간 융합이 아니었나 하는 생각이 든다.

2011년 9월께 중앙일보에서는 3D 사진을 통한 보도와 함께 3D 콘텐츠 활성화에 나섰다. 분명 좋은 시도였다. 기존의 사진 보도 콘텐츠를 3D로 전환해 3D 안경을 쓰고 감상하는 식이었다. 전투기 비행 사진을 비롯해 다양한 사진들이 겹쳐진 이미지로 지면에 소개됐다. 향후 광고 서비스에도 이 같은 3D 콘텐츠 서비스를 구현할 것으로 예상됐다.

당시 필자 역시 앱 개발을 하면서 3D 콘텐츠에 관심을 갖고 다양한 실험을 하고 있었는데 신문에 인쇄된 3D 사진에서 뭔가 새로운 가능성을 살펴봤다. '3D 카메라로 찍었거나 아니면 3D로 사진을 변환했지만 이 역시 모두가 신문지면이라는 2D 개념의 미디어에 옮겨졌기 때문에 그래픽 프로그램을 잘만 활용한다면 2D 사진을 3D로 전환할 수 있겠구나'하고 생각했다.

그때부터 한 달 가량을 3D만 생각했던 것 같다. 3D 인테리어 디자인 기술자인 지인의 도움으로 3D와 색상에 대한 다양한 조언을 들었는데 그래픽 프로그램만으로 실제 2D 사진을 3D로 전환할 수 있는 기술을 터득하게 됐다. 단순히 한 컷의 2D 사진을 3D로 전환하는 게 아니라 사진 속의 피사체만 3D로 전환하거나 사진이 아닌 다른 그래픽 자료 안의 물체의 멀고 가까운 정도까지 제어할 수 있는 기술을 개발하게 됐다.

그 결과, 한 달 뒤인 10월 19일자 1면에 중앙일보의 사진과 비슷한 콘셉트로 전투기 비행 사진의 3D 사진을 게재할 수 있었다. 인터넷에서도 다양한 2D 사진을 3D로 전환해 올려놓았다.

하지만 중앙일보와 필자의 차이점은 3D 안경을 제공했느냐에서 갈렸다. 중앙일보에서는 적청 안경이라고 하는 얇은 종이재질의 3D 안경을 전국의 모든 독자에게 1부당 1개씩 제공했다. 하지만 지역지로서 3D 사진을 게재하는 시도는 허용했지만 3D 안경을 구매해 판매하는 것은 허용되지 않았다. 수익성을 따져봐야 했기 때문이다. 기존 미디어 환경에서의 활용 가능한 융합을 하지 않았다는 점에서 비현실적인 미디어 간 융합이라는 아주 보기 좋은 사례를 남길 수 있게 됐다.

그 이후 중앙일보에서도 흥행을 하지는 못했던 것으로 알고 있다. 문제는 3D 안경을 보급한 뒤 해당 독자들이 3D 안경으로 신문에 게재되는 3D 콘텐츠를 지속적으로 보지 않을 수 있다는 데 있다. 더구나 3D 안경이 오랫동안 쓸 수 있는 재질이 아니었기 때문에 3D 안경

중도일보 2011년 10월 19일 신문에 게재된 3D 사진(자료제공: 중도일보)

을 분실하거나 훼손했을 때에도 추가로 3D 안경을 제공받지 않는다면 더 이상 3D 콘텐츠를 볼 수가 없는 것이다. 좋은 시도였지만 결과적으로는 모두가 미디어 융합의 궁합을 잘 맞추지 못했다.

최근에는 가상현실virtual reality, VR이라는 방식을 통해 게임이나 다양한 콘텐츠를 제공하는 서비스가 늘고 있다. 이 역시 새로운 미디어의 한 종류라고 볼 수 있다. 하지만 중요한 것은 해당 3D 변환 콘텐츠나 가상현실 콘텐츠 역시 안경이나 고글을 써야만 체험할 수 있는 서비스라는 점에서 미디어에 융합할 때에는 좀 더 신중할 필요가 있다.

QR코드, 3D 콘텐츠 등의 방식은 반드시 스마트폰이나 3D 안경이 있어야 한다는 점에서 '2차적 미디어'라고 표현하고 싶다. 이용자 입장에서 보다 편리한 방법이 아니라면 기발한 미디어 간 융합이라고 하더라도 서비스에서는 별로 흥행을 얻지 못하는 미디어 융합이 될 수 있다는 점을 잊지 말아야 한다.

콘텐츠 유통 구조를 특화시켜라

많은 이들은 이렇게 말한다.

"콘텐츠가 좋아야만 미디어가 살 수 있다."

당연히 콘텐츠가 좋아야 하는 것은 두말할 나위가 없다. 콘텐츠가 없는 미디어는 존재할 수가 없기 때문이다. 그런 이유에서 많은 언론사 및 미디어 업체들은 자신만의 콘텐츠를 구축하기 위해 상당한 규모의 비용을 들이고 있다.

그렇다고 최고의 콘텐츠가 이용자들의 만족도를 높일 수 있다고 확신하는 것도 매우 위험하다. 극장가를 보더라도 투자자와 제작사, 감독, 배우, 모든 스텝들이 하나같이 좋은 영화를 만들었다고 하더라도 실제 상영관에서는 관객을 제대로 끌어들이지 못하는 영화가 한두 편이 아니다.

관객을 끌어들이지 못한 이유는 무엇일까?

그건 바로 공감을 얻지 못했기 때문이다. 공감이라는 것은 말 그대로 하면 남의 감정이다. 남이 느끼는 감정이나 주장에 대해 자기도 그렇다고 느끼는 것을 말한다.

이 공감을 얻기 위해서는 무엇을 알아야 하는 것일까?

필자는 공감을 얻으려면 우선 남의 생각을 정확하게 알아야 한다고 생각한다. 뉴스 콘텐츠 역시 마찬가지이다. 사실 기자 생활을 하면서 반성해야 할 점이지만 필자를 포함한 상당수의 기자들은 자신들의 생각을 중심으로 취재방향을 정하는 경향이 있다. 저널리즘이라는 방패 앞에서 기자의 생각은 어느새 정당화가 된다.

하지만 뉴스 콘텐츠를 소모하는 독자나 서비스 이용자 입장에서는 그게 잘 통하지 않는다. 신문 구독자수가 점차 줄고 인터넷 방문자수가 줄어들고 어뷰징을 하는데도 클릭이 되지 않는다면 이미 죽은 콘텐츠라고 봐도 무방하다. 뉴스 콘텐츠의 유통이 원천적으로 막혔기 때문이다.

지금까지는 대부분이 "이런 글을 써놨으니깐 이리로 와서 한 번 보십시오"라는 식의 대자보방식이었다. 대자보에 나오는 큰 글자를 지나가는 사람들이 바라보았다가 나와 관련이 있다면 가까이 다가가서 글을 읽고 공감을 할 것이고 상관없는 얘기라면 스쳐지나갈 뿐이다. 신문도 그렇고 인터넷도 다 마찬가지다. 나와 관련이 없다면 그저 쓸모없는 정보 콘텐츠일 뿐이라는 것이다.

이러한 구조에 대해 일종의 반성을 하면서 필자는 2013년 독자가 취재의 방향키를 잡는 뉴스인 '이경태 기자의 부동산Q'라는 온라인 기사 연재를 시작했다. 부동산 재테크에 관심이 많은 주부들과 내집을 마련하기 위해 또는 부동산에 투자하기 위한 사람들이 모인 카페에 각각 가입하면서 이들과 이슈를 만들어나갈 생각을 했다.

(자료제공: 중도일보)

먼저 지역의 대표적인 온라인 주부 카페_{당시 회원은 4만여 명, 1일 순방문}_{자 2만여 명}와 이를 연동한 주부 대상 마케팅 사업체 대표에게 찾아가 뉴스 취재의 방향을 설명했다.

피드백_{feedback}이 있는 기사를 내놓고 해당 기사에 대한 카페 회원들의 반응과 설문조사, 질문 등을 통해 취재 아이템을 정한 뒤 해당 아이템에 대한 기사를 취재해 게재하는 것이다. 물론 취재한 이후 작성된 기사는 해당 카페에서 공지사항 형식으로 카페 회원 전체에게 공지해준다. 기사를 그대로 올리는 것이 아닌, 언론사 사이트 위에 올린 것을 직접 링크하는 방식을 취했다. 카페에서 원하는 콘텐츠를 제공하는 대신, 뉴스 홈페이지 접속자 유입률을 높일 수 있는 방법으로 각자가 윈윈할 수 있는 전략이었다.

여기에서 나름 새롭게 시도한 것은 '닉네임 뉴스'라는 것이다. 보통 제보를 하거나 질문을 받게 되면 해당 아이템에 대한 취재를 하고 기사를 썼더라도 아이템에 대한 궁금증을 제기한 사람에게 기사가 전달돼야 한다. 하지만 공개적으로 연락처와 이메일을 전달받아 수집할 경우에는 개인정보 수집이 되기 때문에 차라리 '닉네임'으로 질문하고 닉네임으로 기사를 찾을 수 있도록 해주는 게 나을 것이라는 생각을 했다. 기사를 작성해 게재할 때 하단에 함께 동참하는 카페를 적어놓고 질문자의 닉네임도 함께 적어놓았다.

제보자가 자신이 질문한 뉴스가 게재됐는지 여부를 확인하는 방법은 간단하다. 뉴스 홈페이지의 상단 검색창에서 자신의 닉네임을 검색하면 되는 것이다. 닉네임을 통해 당사자는 기자에게 개인정보를 건네주지 않더라도 자신이 묻고 원하는 기사를 받아볼 수 있는 시스템이다.

모든 개개인의 제보나 질문에 맞춰 뉴스를 보도할 수는 없다. 그 래서 도입한 것이 설문조사였다. 구글에서 서비스하고 있는 구글 드 라이브에는 설문조사 항목을 적은 뒤 손쉽게 웹주소 형태로 전달할 수 있도록 하고 있다. 해당 서비스를 통해 생성된 설문조사 웹주소 URL를 카페와 카카오톡을 통해 전파하니 참여자수도 급증했다.

때론 설문조사 결과를 그대로 뉴스로 작성하기도 했다. 대전의 서구 둔산지역에 대한 주차문제와 관련된 설문, 부동산 가치의 변 화에 대한 설문 등을 조사해서 지역민들의 인식도를 그려 보여주기 도 했다. 설문에는 선택형뿐만 아니라 주관식 텍스트 기입창도 함께 만들어 선택형 설문조사에서 답할 수 없었던 내용들도 기입할 수 있도록 했다. 그 안에서 새로운 정보도 나왔을 뿐더러 기사에 대한 관심을 더욱 높였던 것으로 기억하고 있다.

이렇게 생산한 부동산Q 뉴스가 해당일의 가장 많이 본 뉴스 가 운데 1순위를 차지할 때도 있었고 상당수 기사가 Top5 안에 들었다. 실험적으로 7~8개월가량 진행을 한 '이경태 기자의 부동산Q'였지 만 뉴스 콘텐츠의 유통구조와 뉴스 콘텐츠에 대한 독자들의 관심 을 어떻게 끌어 모으고 어떤 아이템을 선정해야 하는지에 대한 근 원적인 노하우를 얻었다.

분명, 자체적으로 카페를 만들거나 로그인 시스템이 적용된 미디 어라면 자체 회원을 대상으로 이러한 뉴스 시스템을 만들 수도 있을 것이다. 하지만 필자 스스로도 이제는 웬만한 사이트에는 개인정보를 기입해가며 가입을 하려고 하지 않기 때문에 오히려 자신을 알리지 않고 기사를 제보하거나 묻고 자신만의 기사를 얻는다는 점에서 매력적인 뉴스 유통 시스템이라고 생각한다.

요즘에는 IT업체들이 모바일 뉴스를 공급하면서 이용자들의 구독 패턴을 분석해 원하는 기사를 제공하는 등 맞춤형 뉴스를 전달하고 있다. 하지만 실험적으로 진행했던 '이경태 기자의 부동산Q'는 취재 기자 스스로가 이용자를 선정하고 그들의 수요를 판단해 맞춤형 기사를 제공한다는 차원이어서 기존 시스템하고는 다른 점이 많다. 이렇다보니 초보 콘텐츠 기획자나 미디어 사업자들 역시 콘텐츠의 질적인 수준을 높이는 것과 함께 콘텐츠 유통경로를 보다 개선하는 작업도 병행해야 한다고 본다. 이는 콘텐츠를 소비하는 대상층타깃층을 세분화하고 최소한의 콘텐츠로 최대한의 관심을 만들어가는 것이 중요하다는 말이다.

이러한 작업에서 가장 우선돼야 하는 것은 바로 질문이다. 회사에서 기본적으로 제공하는 기자수첩의 뒷면 표지에는 물음표가 하나 있다. 아마도 취재기자들에게 질문을 적극적으로 하라는 무언의 메시지라고 생각한다. 이와 함께 기자나 콘텐츠 기획자들이 해야 할 것은 뉴스 및 콘텐츠 소비자들이 무엇을 원하는지를 물어야한다는 것이다.

이미 소셜 네트워크 서비스를 비롯해 각종 인터넷 커뮤니티 서비스가 활성화된 만큼 '면대면' 방식보다는 보다 많은 대상자를 골라 그들의 종합적인 관심사부터 시작해 부분적인 관심사까지 체계적으로 정리한다면 최소한 타깃으로 정한 집단에서는 가장 인기 있는 기사를 쓸 수 있지 않을까 생각한다. 그렇게 된다면 자연스럽게 자신의 미디어에 대한 이용자 유입률도 오를 것으로 확신한다.

이제는 콘텐츠의 유통구조를 개선할 때 포털 사이트의 검색시장에 의존해서는 안 된다. 검색시장을 대부분 점유하고 있는 포털 사이트 업체들은 이미 어뷰징 기사를 올리는 언론사에 철퇴를 가하고 있는 등 플랫폼의 횡포를 부리고 있는 상황이다. 그러한 검색 '갑'에게서 해방하기 위해서는 특정인들을 위한 미디어가 되는 편이 훨씬 낫다.

1인 미디어나 소규모 미디어를 운영하길 원한다면 종합지가 돼서는 안 된다. 유통구조에서 불특정 다수가 대상자가 되기 때문에 적은 인력으로 모든 사회현상을 반영해서 기사화할 수 없기 때문이다. 이는 경쟁사들에 대한 차별화전략이 아니다. 차라리 전문 미디어업체를 경쟁사로 바라보면서 그들이 하지 못하는 맞춤형 기사를 제공한다면 일단 경쟁사의 독자를 끌어모으는 데는 성공할 수 있을 것이다. 물론 이슈에 대한 다양한 분석이 우선적으로 도출돼야 하지만 차별화전략을 세우는 데는 전문그룹을 대상으로 한 미디어가 보다 접근하기가 쉬울 것이다.

유통구조를 특정 집단을 위한 방식으로 설정한 뒤에 차차 유입률이 높아지고 콘텐츠 생산에 대한 부담이 줄어든 이후에 이슈 분야를 넓혀도 늦지 않다.

이러한 과정은 뉴스 콘텐츠에 대한 유통구조를 특화시킨다
는 개념으로 해석해도 무방하다. 물론 콘텐츠 기획자나 생산자 역
시도 특정분야에 대한 전문적인 지식이나 경험이 있어야 가능할 것
으로 보인다.

이제는 좋은 콘텐츠가 답이라고 말했던 사람들도 유통구조에 대
해 관심을 좀 더 가져주기를 바란다. 유통구조를 개선하고 특정 집
단을 위한 콘텐츠가 지속적으로 생산된다면 향후 수익구조에도 도
움을 줄 것으로 기대된다.

1인 미디어 업그레이드

1인 미디어는 누구나가 만들 수 있다. 그 방식은 제각각이지만 공통된 요소가 있다면 그것은 바로 소통이다.

소통 미디어는 나와 사람을 연결하는 하나의 매체이다. 미디어 자체가 정보를 전달하는 매체라는 의미를 갖고 있다 보니 1인 미디어를 소통 미디어라고 하는 것은 당연한 말이다.

최근에는 동영상을 통한 1인 미디어 시대라고 해도 과언이 아니다. 네이버는 'V'앱을 통해 연예인들이 개인 생방송을 해서 팬덤을 키울 수 있도록 서비스하고 있다. 또 '플레이리그' 서비스를 통해 개인이 제한 없이 영상을 올리고 공유할 수 있도록 해 1인 미디어시장을 확대시키고 있다.

KT 역시 올레 TV를 통해 개인방송을 운영 중이며, 카카오 역시 기존 다음TV팟과 카카오TV를 연계한 1인 미디어 서비스를 강화하고 있다.

LG 유플러스의 경우에는 게임방송을 운영할 수 있도록 해주고 있으며 CJ E&M 역시 다이아TV 등의 서비스를 통해 1인 미디어 시장으로 진입했다. 국내에서는 대표적인 1인 방송 채널인 아프리카 TV가 1인 미디어 시장의 강자로 평가되고 있다. 이밖에 1인 미디어의 방식은 다양하다.

아직도 SNS가 대표적인 1인 미디어를 지향하고 있다. 블로그 시장 역시 아직도 넘쳐나는 정보에 1인 미디어 파워를 자랑하고 있다. 다만, 검색에서 어떤 우위에 서 있느냐에 따라 블로그를 개설하는 서비스업체가 다를 뿐이다. 여기에 최근에는 무료 모바일 홈페이지까지 개설할 수 있어 1인 미디어를 운영한다는 것은 그저 마음먹기에 달렸다.

하지만 소통이 우선돼야 하는 1인 미디어는 일단 갈수록 개인화되고 있는 미디어 콘텐츠 시장에서 자칫 혼자만의 낭만으로 머물 수도 있다. 소통을 통한 자신만의 콘텐츠 유통경로를 찾아야 한다는 얘기다. 전문화도 중요하지만 공감을 얻어낼 수 있는 콘텐츠를 우선적으로 살펴보는 것이 좋다. 요즘에는 카테고리만 하더라도 '더불어 맛있는', '귀여운', '유익한', '훈훈한', '자랑할', '웃긴' 등의 공감형 분류를 할 정도다. 이 정도의 카테고리를 서비스에 접목한다는 것은 혁신에 가깝다. 이미 해외 서비스에서는 비슷한 카테고리가 있는데, 국내 서비스에서 이러한 카테고리를 접목했다는 것은 기존의 딱딱한 이미지였던 분야별 카테고리보다는 인식의 무게감을 줄였다는 데 동의하리라 본다.

무게감을 줄인 카테고리는 단순히 모든 사안을 분류하기에는 한계가 뒤따른다. 이는 최근 가벼운 이슈에 대한 수요를 반영해 보다

가벼운 느낌의 카테고리가 필요하다는 데서 비롯된 것이다. 1인 미디어는 다른 기존의 미디어보다는 가벼운 카테고리를 정해서 콘텐츠를 게재하는 것이 가능하리라 본다. 1인 미디어를 업그레이드하기 위해서는 단순히 기존 1인 미디어의 방식을 바꾸거나 주제를 바꿔야 한다는 소리가 아니다.

1인 미디어는 그 자체적으로도 상대방과의 직접적인 교류를 할 수 있는 매체이다 보니 상호 관계 속에서 관심을 가질 만한 콘텐츠를 접목하고 이용자들이 손쉽게 접근할 수 있도록 콘텐츠에도 변화를 줘야 한다. 일반적인 사진과 글, 영상 중심의 콘텐츠가 아니라 테마를 입힌 콘텐츠가 이용자들의 관심을 얻을 수 있다. 사진을 활용한 콘텐츠를 제작하겠다는 생각을 한다면 오전과 오후 시간에 따라 달라지는 일상이나 사회현상이라든지, 멀리서 봤을 때 오해할만한 일을 확대했을 때 다른 해석이 가능한 일, 일반 보도사진과 다른 새로운 시각에서의 사진 등으로 차별화된 콘텐츠를 구성하면 보다 관심받는 1인 미디어를 운영해나갈 수 있을 것으로 생각한다.

이와 함께 1인 미디어를 업그레이드하기 위해서는 브랜드 네이밍에도 공을 들여야 한다. 브랜드 네이밍의 경우에는 1인 미디어의 콘셉트를 모두 설명해 줄 수 있어야 한다.

필자가 오래전 블로그를 운영했을 때 블로그 브랜드는 '블랙 앤 화이트 Black & White'였다. 지금 생각해보면 완벽하지는 않은 제목이지만 당시 기자 초년생에는 사회의 어두운 면과 밝은 면을 각각 보여주면 그 차이를 통해 향후 사회의 나아갈 방향을 생각해볼 수 있지 않을까라는 생각에서 만든 것이다.

브랜드 네이밍은 1인 미디어를 운영하는 콘텐츠 생산자의 생각을 반영하는 것이지만 여기에서 간과해서는 안 될 것이 있다. 자기의 생각을 알리겠다는 의미에서 브랜드 네이밍을 했지만 실제 독자나 이용자들은 무슨 의미인지 직관적으로 알아차릴 수 없는 경우가 있다. 그럴 경우에는 지체 없이 1인 미디어의 이름을 바꿔야 한다.

앞서 끊임없이 강조한 것 중에 하나가 바로 이용자이다. 이용자 관점에서 생각해봐야 어떤 브랜드 네이밍으로 해야 하는지 알 수 있을 것이다. 이용자들에게 한 번에 쉽게 알릴 수 있는 브랜드 네이밍을 하는 것부터가 1인 미디어를 업그레이드하는 우선순위이다.

1인 미디어를 운영하는 데 있어서 미디어 방식이 다른 1인 미디어보다 화려하지 않다고 해서 이를 더 화려하게 바꾸는 것은 업그레이드라고 말할 수 없다. 디자인 차원에서 살펴본다면 오히려 심플한 분위기의 1인 미디어가 이용자들에게 보다 편하게 다가갈 수 있다.

예전에 포털 사이트에서 제공하는 무료 홈페이지 개설이나 블로그 개설을 생각해보면 다양한 무늬의 배경이나 글자체, 색상 등을 이용할 수 있는 템플릿을 제공해줬는데 역시나 이용자 입장에서는 화려한 템플릿은 의미가 없다. 자신에게 필요한 콘텐츠가 간단하게 정리돼 있는 일종의 창고 같은 1인 미디어를 자주 찾을 뿐더러 오히려 비주얼적인 면을 너무 강조하다보면 이용자들에게 산만하다는 인식만 안겨줄 수 있다. 콘텐츠에 대한 신뢰도까지 떨어뜨릴 수도 있다.

결국 1인 미디어를 업그레이드하기 위해서는 다음과 같은 순서로 추진하면 어떨까 싶다.

01 자신의 콘텐츠 방향에 대해 충분히 고민한다.
02 콘텐츠를 제작할 때 어떤 표현 방식을 선택할 것인지도 살펴본다.
03 1인 미디어의 새로운 브랜드 네이밍을 한다.
04 자신의 미디어와 연관성이 높은 그룹을 찾는다.
05 해당 그룹 활동에 나선다. 온오프라인 둘 다 가능하다.
06 구글 드라이브 설문 등 의견을 모을 수 있는 url을 만든다.
07 엑셀 등의 프로그램으로 모은 빅데이터를 분석한다.
08 선호도에 맞는 콘텐츠를 제작한다.
09 콘텐츠 제작 후 전문 그룹에 제공하면서 의견을 받는다.
10 상호 피드백을 통한 지속적인 콘텐츠 제작에 힘쓴다.

1인 미디어는 자체적으로 큰 수익을 내거나 큰 반향을 일으키는 데는 한계가 있다는 것을 모두가 염두에 둬야 한다.

'내가 이렇게 참신하게 만들었는데 그 많은 사람들은 왜 이 콘텐츠를 보지 않을까'라는 의문이 생기더라도 이용자들을 탓해서는 안 된다. 콘텐츠 기획자 입장에서는 새로운 콘텐츠라고 생각했더라도 포털 사이트에서 검색을 해보면 이미 예전에 나와 있던 콘텐츠라는 것을 확인하는 경우가 많다.

 그렇기 때문에 혼자 생각하고 혼자 만든 콘텐츠는 사람들의 관심을 얻지 못한다. 예전에 나왔던 콘텐츠나 아이템이라고 하더라도 이후 변화된 사람들의 관심이 무엇인지, 더 추가해야 할 부분은 없는지 등을 따져본다면 그나마 이용자들의 최소한의 관심은 얻을 수 있을 것이라 생각한다.

AR과 VR의 시대

　신문은 종이를 통해 글과 그림을 보여준다. 컴퓨터나 모바일을 통한 미디어 역시 텍스트와 그림, 또는 동영상이라는 큰 틀에서의 방식으로 콘텐츠를 보여주는 데 그친다. 일종의 평면의 콘텐츠에 의존하는 2D 콘텐츠라는 얘기다. 하지만 2009년 12월 개봉한 SF·모험·액션 장르의 할리우드 블록버스터 영화인 《아바타》는 2D 영화에 익숙했던 우리의 눈과 귀를 한 단계 업그레이드시킨 것은 분명하다.

　사실 그 이전부터 3D 콘텐츠는 이미 여러 분야에서 활용됐다. 중학교 시절 대전에서 열렸던 대전엑스포에서도 3D 안경을 보면서 우주의 모습과 분자의 모습을 본 게 기억난다. 손에 잡힐 듯 잡히지 않는 3D 영상이 어찌나 신기하던지 보는 사람들의 탄성이 저절로 나왔다. 1993년에 대전엑스포가 개최된 이후, 16년이나 지난 뒤에서야 사람들은 아바타 영화로 또다시 3D에 환호성을 질렀다. 그만큼 하나의 새로운 콘텐츠가 시장에서 자리를 잡아나가는 게 얼마나 어려운지를 실감할 수 있는 사례이다.

　그래도 2010년부터 국내에서는 스마트폰이 확대되면서 3D 콘텐츠가 제법 시장에 접목되기 시작했다. 지금도 강력하게 기억에 남는 3D 서비스를 손꼽으라면 단연, 약국 앱이다. 기능은 간단하다. 주변에 있는 약국을 검색하고 지도 위에서 약국의 위치를 알려주는 앱이다. 약국 리스트와 위치 정보는 일종의 공개된 정보여서 이후에도 다양한 서비스가 나왔다.

하지만 이 약국 앱이 기억에 남는 이유는 2010년도 국내 스마트폰 시장이 초창기였을 때 AR증강현실이라는 다소 낯선 기능을 선보였기 때문이다. 스마트폰으로 사진을 촬영하듯이 앞으로 비추고 동서남북 방향으로 상체를 돌리면 폰의 영상 위에 가까운 약국의 방향이 나타나는 방식이다. 이 기능을 활용하면 자칫 지나쳐갈 수 있는 약국을 제대로 찾아서 방문할 수가 있다. 급하게 약국을 찾는다면 이 기능을 분명 사용할 것이라는 생각이 들었다.

분명 증강현실augmented reality, AR은 이미 기술이 개발됐지만 이전에는 빛을 제대로 보지 못한 재미난 기능에 불과했다. 스마트폰 이용자가 급증하면서 이 증강현실은 하나의 마케팅 용도로 활용되기도 했다.

한 통신사에서는 아무도 없는 공간에 스마트폰을 비추고 이용자가 상체를 돌리면 여기저기서 캐릭터 몬스터가 나오는데, 이 캐릭터를 터치해서 맞추면 편의점에서 해당 제품과 교환해 주도록 한 것이다. 한때 아내의 요청으로 필자 역시 스마트폰을 켜고 이 몬스터를 잡기 위해 어지간히 애를 썼던 적이 있다. 몬스터를 일정 규모로 잡아서 특정 편의점에 가져가면 일부 고급 껌으로 교환해 주었던 기억이 난다. 게임을 하도록 해서 껌을 무료로 나눠주는 식으로 마케팅을 하고 이 앱 사용자를 통해 새로운 서비스를 진행하려고 했던 것 같았는데, 마케팅 비용 대비 효과가 크지 않았는지 이 서비스는 어느 순간 중단됐다. 아직 AR 서비스가 시장에서 확실하게 자리 잡을 수 있는 환경이 안 된 것이다.

필자 역시 2014년에 개발했던 서비스가 있는데, 이 서비스 역시 일종의 AR 서비스이다. 앞서 약국 앱과 비슷한 방식으로 앱을 이용하는 것인데, 상점가에서 상가의 문 앞을 비추면 해당 상가의 세일 정보를 알 수 있는 서비스이다. 상가 안에 들어가지 않더라도 해당 상가에서 판매되는 상품의 정보를 살펴볼 수 있기 때문에 편리해진다는 개념이다. 혹자는 그냥 기존대로 해당 상가 리스트를 제시하고 리스트에 대한 상품 내역을 보여주면 되지 않겠냐고 지적할 수도 있다.

하지만 당시 서비스 개발의 콘셉트는 중앙 상가지역으로 사람들이 몰려들어올 수 있도록 한다는 데 있었다. 직접 중앙 상가지역을 방문해야만 이 서비스가 작동한다. 이들 중앙 상가지역은 신도심에 비해 상권이 열악해지고 있어 자치단체에서 시설 투자를 하기도 했지만 큰 효과를 얻어내지는 못하고 있었다. 실제 상용화 이전의 샘플 서비스였지만 앞서 통신사보다는 보다 업그레이드된 게임도 기획된 서비스였다. 이 서비스는 일종의 O2O 서비스 개념과도 맞닿아 있는데 향후에도 이런 서비스 개발에도 필자는 좀 더 노력해볼 생각이다.

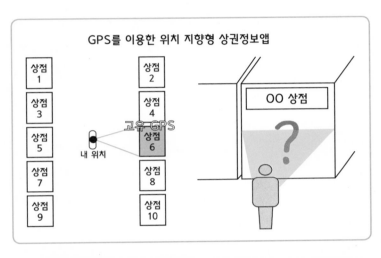

서비스의 세부 설명 도식도(위)와 실제 앱 화면에 나오는 정보(아래)

원래 AR을 이용한 게임은 하나의 코드나 사진을 스마트폰으로 비춰보면 설정된 게임이 그 안에서 새롭게 입체로 나오게 되는 것이다. 교육용으로 나오는 콘텐츠도 이와 비슷한데, 2D 방식의 공룡 그림을 스마트폰으로 비춰보면 3D 공룡이 살아나오는 콘텐츠를 방송 뉴스를 통해 봤을 것이다.

AR 서비스는 서비스 상용화에 실패한 구글 글래스에서도 구현됐다. 구글 글래스는 스마트폰을 꺼내들어야 하는 불편함을 웨어러블 기기인 안경으로 해결한 사례이다. 대상을 비추면 검색도 가능하고 해당 설명이 눈앞에 펼쳐지는 그러한 서비스였다. 아직도 이 AR 서비스를 상용화하기에는 갈 길이 멀기만 하다. 많은 IT업체들이 AR 서비스를 이용하는 분야는 교육분야와 게임분야이다. 이 분야에서는 재미있는 미디어로서의 역할을 해주리라고 생각한다. 미디어라고 해서 꼭 뉴스만을 서비스할 필요는 없지 않은가.

필자가 더 관심이 있는 분야는 이 같은 증강현실보다는 가상현실Virtual Reality, VR이다. 가상현실 역시 안경이나 고글을 이용해야 하는 도구가 필요한 미디어의 한 기술 영역에 속한다. 이 서비스도 스마트폰을 활용하는 방식을 접목할 수 있어 최근에도 다양한 서비스가 나오긴 했다.

입체 영화를 보는 것이 아니라 눈앞에 새로운 공간을 가상으로 만들어놓고 그 안에 자신이 서 있다고 생각하면 된다. 스마트폰을 고글에 끼운 뒤에 고글을 쓰고 바라보는 세상이기 때문에 실제 세상과 착각할 정도로 입체감에서는 현실적이라고 생각하면 된다. 이 서비스를 상용화하기 위해 구글이 많은 고민을 했다고 생각한다. 스마트폰을 끼울 수 있는 고글이 필요하지만 현재 시중에 팔리는 것은 플라스틱으로 만든 비싼 고글이다. 아직은 VR 콘텐츠가 많지도 않은데, 비싼 고글까지 구매해서 서비스를 받아볼 것이라는 기대를 했다면 오산이다.

그래서 구글은 골판지를 이용해 상자를 접듯이 모양을 맞춰 스마트폰을 끼울 수 있게 했다. 가격도 저렴해 만약 VR 서비스에 기대가 컸던 사람이 실망한 뒤 이 서비스를 이용하지 않더라도 아깝지 않을 정도의 가격이다. 구글의 전략은 저렴한 골판지 고글을 사람들이 구입하게 되면 안드로이드 진영의 스마트폰 판매는 물론, 이 서비스의 안드로이드화가 돼 많은 사람들이 콘텐츠를 구입할 수 있다는 것이다. 더구나 사람들이 많이 모이면 더 많은 개발자들이 안드로이드 진영의 스마트폰에서 앱을 개발할 것이고 이 점이 향후 모바일 검색 시장의 경쟁력을 강화시키는 원동력이 된다는 것이다.

VR 서비스에서 눈여겨볼 포인트는 바로 현실성이다.

한 신혼부부가 아파트를 매입해서 새롭게 인테리어를 해보고 싶어 인테리어 전문가에게 의뢰를 했는데 하얀 종이에 대략적인 그림을 그려서 설명해줬다고 해보자. 인테리어를 할 때 그렇게 일을 맡겼다가는 낭패를 보기가 십상이다. 인테리어를 하려면 방 구조에 대한 쓰임새를 집주인이 결정해야 한다. 그런 다음에 기존 가구 사이즈에 대해서도 인테리어 전문가에게 얘기해줘야 하며, 전체적으로 원하는 분위기도 말해줘야 한다.

또 요즘에는 가변형 벽체라고 해서 벽을 없앨 수도 있고 벽을 그대로 만들어놓을 수도 있는데 이러한 것은 실제 만들어놓지 않으면 그 느낌을 알 수가 없는 노릇이다. 그렇기 때문에 건설업체들은 견본주택을 만들어서 실제 아파트 내부를 공개해 청약접수를 유도하는 것이다. 하지만 견본주택을 짓는 데도 많은 비용이 투입된다. 이는 모두 분양가에 적용된다. 비용을 투입하지 않고 인터넷만으로 가상 견본주택을 만들어서 서비스하는 업체들도 있는데 이는 단순히 온라인 홈페이지에서 내부를 입체적으로 바라볼 뿐이다.

결국 실감나는 입체 인테리어를 보여줄 수 있는 방법은 VR밖에 없다. VR 서비스를 통해 자신이 직접 인테리어가 완료된 아파트 안에 있다는 느낌을 받을 수 있고 자신의 눈으로 실제 본인이 나중에 건설될 주택의 모습을 살필 수 있다는 점에서 매리트가 있다.

이런 서비스 말고도 VR 서비스를 통한 뉴스 보도나 정보 알림 서비스를 해도 차별화된 콘텐츠가 될 것이다. 또한 교육 콘텐츠에도 적합하다. 뉴스 콘텐츠는 실제 사건이 발생한 지역의 생생한 느낌을 전달해줄 수도 있다. 예를 들어 화재가 발생한 사고 현장에 대한 상황 보도를 VR을 이용해서 재구성한다면 상황을 더 정확하게 이해할 수 있도록 도움을 주게 되는 것이다.

이미 VR은 서바이벌 총기 전투 게임에도 접목되었는데, 이를 벤치마킹한다면 비상 시 어린 학생들이 어떻게 행동해야 하는지를 훈련시킬 수도 있다. 고글을 쓰고 걸음을 걸을 수 있도록 부스를 설치한 서바이벌 게임장을 이용해 비상시 정확히 어떤 경로로 가야하는

지 등을 실제 상황이 발생한 것처럼 꾸며 교육할 수 있는 것이다.

　3D 콘텐츠는 단순히 입체감만 주는 것이 아니라, 실제 상황처럼 현장을 꾸며 이용자가 가상이지만 현실에 있는 듯한 느낌을 주는 데 목적을 두고 있다. 그렇다보니 콘텐츠의 분야에 따라 그 활용도가 크다.

　아직도 3D 콘텐츠 시장은 초기이지만 앞으로 미디어 업체들이 관심을 가지고 바라봐야 한다. 이미 페이스북은 VR 서비스업체인 오큘러스를 2조원에 인수하고 이제는 360도 VR 영상까지 서비스하고 있으니 3D 미디어를 향한 변화는 빠르면 빠를수록 좋다. 더는 미뤄서는 안 될 서비스들이다.

　사실 AR이나 VR과 같은 서비스는 일반 미디어업체에게도 상당히 접근하기 어려운 분야이긴 하다. IT 산업에 대해 자주 살펴보지 않은 사람들에게 3D 관련 미디어 산업에 대해 얘기를 한다는 것 자체가 너무 멀리 갔다는 말을 들을 수도 있겠다. 하지만 필자 역시 관련 분야를 전공하지도 않았지만 이제는 다양한 시도를 해보고 그에 맞춘 미디어의 발전상을 말하고 있다. 보려고 하지 않으면 보이지 않는 법이다. 지금이라도 검색을 통해 다양한 기사를 보고 관련 동영상을 시청해본다면 어느 부분에서 남들과 다르게 접목할 수 있을지 그 틈새시장이 보이질 않을까 싶다.

　아직도 3D 시장은 초기시장임에 분명하다. 그렇기 때문에 할 수 있는 일들은 무궁무진하다. 필자가 미처 파악해내지 못한 3D 미디어의 새로운 면을 찾아보시길 바란다.

3D 디자인과 미디어

앞서 얘기했던 AR이나 VR의 경우 3D 콘텐츠가 나오려면 가장 중요한 것은 무엇일까. 바로 3D 디자인이 아닐까 싶다.

필자의 경우, 인테리어를 전문적으로 하는 지인을 통해 우연찮게 3D 디자인에 입문하게 됐다. 사실 필자는 3D 콘텐츠에 대해 이미 2011년 정도부터 관심이 많았다. 그 무렵 3D 게임 앱을 개발하기 위해서는 3D 모델링부터 먼저 해야겠다고 생각했다.

하지만 쉬운 일은 아니었다. 일반 포토샵과는 전혀 다른 새로운 세상이었기 때문이다. 간단한 직육면체나 원, 삼각뿔과 같은 물체를 만드는 것이라면 상관이 없었지만 그 정도로 3D 디자인이라고는 말할 수가 없지 않겠냐고 생각했다.

서점에 가면 다양한 3D 디자인 관련 서적이 많지만 사실 초보자에게는 아무리 쉽게 설명한 책이라고 하더라도 그저 두꺼운 백과사전일 뿐이다. 백과사전은 사실에 대한 아주 직설적인 화법으로 표현한 설명문이다. 하지만 책을 읽는 사람마다 이해도가 다르기 때문에 그에 맞춰 설명을 해줄 필요가 있어서 어떤 분야에 대해서는 한두 번 읽어서는 그 의미를 파악하지 못하는 경우도 많다.

3D 디자인과 관련한 서적에서 그런 느낌을 받은 만큼 책으로 3D 디자인에 입문하기는 어렵다고 생각했다. 지금도 그렇지만 필자가 선택한 교과서는 단연 유튜브 동영상이었다. 독학을 할 때 빠트릴 수 없는 인강인터넷동영상 강의이 바로 유튜브였다. 세상엔 정말 좋은 사람들이 많다. 자신이 알고 있는 전문적인 지식을 영상으로 만들어서 정말 알기 쉽게 설명해주는 사람이 너무 많기 때문이다.

지금도 그렇지만 기술이나 지식을 독학으로 습득하려는 습관 때문에 필자는 오히려 어려운 과정을 초보자에게 아주 쉽게 얘기해 줄 수 있다. 왜냐하면 하나도 모르던 사람의 입장에서 입문한 만큼 초보자의 심정을 누구보다도 잘 알기 때문이다. 그렇게 3D 디자인을 하는 데 투입한 시간을 말하라고 하면 오히려 무수한 하드드라이브에 저장된 3D 모델링 파일의 데이터양으로 말해주고 싶다. 다른 분야도 마찬가지이지만 이 역시 연습이 가장 중요한 분야이다. 노력은 절대 배신하지 않는다는 생각이다.

3D 디자인을 할 수 있기 때문에 3D 미디어의 변화에 보다 능동적으로 대처할 수 있다. 세상엔 필자보다도 더 사실적으로 더 정교하게 3D 디자인을 할 수 있는 사람들이 셀 수 없을 정도로 많다. 자동차 디자인을 비롯해 건축 디자인, 실용품 디자인, 가구 디자인 등 3D 디자인 분야도 많다. 이미 3D 디자인은 나름의 시장을 형성해 어쩌면 우리가 알지 못할 정도로 시장 규모가 크다.

다만 이제는 꼭 3D 디자인 시장을 디자인의 영역에만 묶어두지 말아야 한다는 얘기다. 뉴스를 만드는 사람들이 3D 디자인을 알아야 하고 새로운 이야기를 기획하는 사람들이 3D 디자인에 대해 알고 있다면 표현의 방식은 지금보다도 더 다양해질 것이다.

2014년 전 국민이 애도를 표한 세월호 참사를 보도할 때에도 많은 방송사에서는 세월호의 미니어처를 방송 데스크에 가지고 나와 그 상황을 설명했다. 또 어떤 곳은 3D 디자인을 활용해 영상으로 상황을 보도하기도 했다. 이런 보도는 우주선 발사 때의 과정을 보여줄 때에도 많이 활용된다. 3D 모델링을 한 뒤 발사 후 분리 과정 등을 영상을 만들어서 보도한다.

이처럼 지금까지는 3D 디자인을 활용하는 분야는 극히 제한적이었다. 하지만 3D 디자인에 대해 미디어업체들이 조금이라도 적극적으로 접근한다면 보도 역시 예전과 180도 달라질 것이다.

요즘 들어 통계 등의 이슈를 이해하기 쉽게 하기 위해 인포그래픽이라는 방식을 적용해 보도한다. 하지만 3D 디자인을 통한다면 어떤 반응이 나올까? 또 이를 접한 사람들이 관련 이슈에 대해 얼마나 더 쉽게 이해할 수 있을지 생각해봤으면 좋겠다.

인포그래픽을 통해 사안을 이해하기가 쉬웠다면 3D 디자인은 그 상황과 현장의 느낌을 그대로 살릴 수 있다는 점에서 매력적이다. 아직도 많은 사람들은 3D 디자인과 미디어의 상관관계에 대해서 고개를 갸우뚱한다. 굳이 3D 디자인을 접목시켜야 할까라는 회의적인 시선을 보내기도 한다. 하지만 3D 콘텐츠로 설명한 내용에 대해서는 불만을 달기는 어려울 것 같다. 2D보다도 더 실제감이 있는 콘텐츠이다 보니 이런 콘텐츠가 공감을 얻는 게 아닐까?

　3D 디자인은 단순히 생생한 보도를 위한 보조적인 기술이라고 폄훼하는 사람도 있을 것이다. 하지만 이제는 물체를 만드는 3D 프린트 시장까지 열린 상황에서 3D 디자이너들의 대우 또한 크게 달라질 것이다.

　필자 역시 주변의 도움을 받아 3D 프린트를 통한 결과물을 제작해봤다. 2D로 그려진 사람의 캐리커처를 받아 3D 캐릭터로 만들어 3D 프린터로 제작해 선물하기도 했다. 그런 현실에서도 사람들은 3D 프린터로 만든 작은 크기의 물체가 미디어와 연계될 것이라곤 생각하지도 않는다. 결과물이 하나의 상품으로만 팔릴 것이라는 생각 때문이다.

　3D 프린터로 제작한 결과물은 3D 디자인의 완제품이기보다는 새로운 생각을 위한 시제품 정도로 많이 알려졌다. 다만 최근에는 원료에 대한 다양한 제품이 나오면서 실제 상품과 엇비슷하게 제작하는 수준에까지 도달했다.

　많은 사람들이 3D 프린터를 소유하게 되는 날이 온다면 새로운 도시 개발 디자인이나 마을에 맞는 시설의 디자인을 공유해 각기 제작해보고 만족도를 알려줄 수 있지 않을까 한다. 사람들과 무엇인가를 협의하고 사회의 모습에 대한 개선점을 찾는 중요한 도구가 3D 프린트의 결과물이 될 수도 있다.

　3D 디자인의 영역은 다양하다. 그렇기 때문에 미디어와의 무수한 접점이 있으리라 본다. 그 자체로 뉴스 보도의 소스가 될 수 있어도

좋고 새로운 콘텐츠를 만들어낼 수 있는 직간접적인 대상이 되어도 좋다. 그렇기 때문에 지금도 늦지 않았다. 만약 새로운 미디어 기획에 대해 관심이 있고 보다 발전된 미디어를 꿈꾸고 있다면 3D 디자인을 배워보는 것도 나쁘지 않다.

아직도 세상은 디자인 없이는 단 하루도 버틸 수 없기 때문이다.

홀로그램이 만들어내는 세상

3D 콘텐츠에 대한 필자의 집념은 대단하다는 생각을 하게 만든다. 그저 자화자찬을 하자는 게 아니다. 3D 콘텐츠의 최종 목표는 홀로그램이다. 3D의 완전체. 그게 바로 홀로그램을 구현해내는 일이다.

하지만 홀로그램은 꽤 어려운 분야이다. 세계 시장에서도 특허 보유 수로 손꼽을 정도의 수준에 올라 있는 에트리(한국전자통신연구원, ETRI)에서도 홀로그램 특허는 있어도 완벽하지는 않다고 한다. 그만큼 구현해내기 어려운 분야가 홀로그램이다. 구현하기 어려운 이유는 허공에 형체가 나오게 해야 하는데, 이 형체가 맺힐 수 있는 매질 개발이 쉽지 않기 때문이다.

앱 개발이 가능하고 홀로그램의 무엇인가를 활용한 미디어 서비스를 할 수 있는 게 무엇일까라는 생각은 꼬리에 꼬리를 물고 유리라는 매질을 찾게 했다. 유리는 빛이 맺히고 이를 투명하게 볼 수 있는 성질이 있기 때문이다.

다시 스마트폰으로 빛을 보내고 유리로 서비스를 할 수 있는 게 무엇일까라는 생각을 해봤다. 또 눈으로 봐야하기 때문에 빛이 보이는 각도 또한 중요하다. 그래서 생각해낸 것이 바로 자동차의 앞 유리창이다. 유명 해외브랜드 자동차를 보면 앞 유리창에 속도가 비춰지는 HUD Head Up Display 서비스가 제공된다. 대부분 속도를 보여주는 기능이 대부분인데, 안전을 위해 계기판으로 시선을 옮기지 않더라도 전면을 주시하면서 운행 속도를 알 수가 있다.

처음에는 앞 유리창에 액정화면과 같은 장치가 있어서 자체적으로 정보를 주는 것으로 알았는데 사실은 하단에서 빛을 비춰서 맺히게 하는 방식이다. 일상에서 차량을 운전하는 전 세계 사람들이 사용하는 실용 앱이라는 생각이 들었다. 그래서 개발에 착수했다.

앱이 반응하는 GPS와 속도계 등을 통해 속도를 측정하고 이를 숫자로 알리는 기능뿐만 아니라 자신이 정한 안전속도를 초과한 속도로 운행을 할 경우, 속도계 숫자가 적색으로 변하는 안전속도 알리미 기능까지 넣었다. 여기에 나침반 기능을 비롯해 차량을 이용하지 않을 때에도 활용이 가능한 칼로리 계산도 들어갔다. 뉴스 서비스를 해야겠다는 욕심이 있어 핫 트렌드라는 개념으로 구글에서의 검색어 순위 상위 단어가 차량이 정지했을 때에만 나올 수 있도록 서비스를 제공했다. 정차했을 때에는 핫 트렌드 뉴스가 나오고 이동 시에는 안전 운행을 할 수 있는 앱을 만들었다.

국내 시장이 아닌, 북미 시장을 겨냥한 만큼 영문 버전의 앱으로만 서비스를 했다. 구글 핫 트렌드도 북미 검색어 순위에 있는 정보를 활용했다. 이렇게 하다 보니 차량 미디어라는 서비스를 개발해

All in HUD 기능이 있는 앱

출시한 것이 됐다.

차의 앞 유리창을 매질로 활용해야겠다는 생각에서 핫 트렌드까지 알려주는 앱 서비스를 완성하기까지는 수개월이 걸렸지만 보람도 있었다. 처음 홀로그램이라는 분야를 생각할 때는 상상도 할 수 없었던 미디어 서비스이다. 이런 서비스를 내놓기에는 1달여간의 3D 형상에 대한 연구도 한몫했다.

AR이나 VR, 3D 영상 등은 모두 도구가 있어야 하는 미디어밖에 되질 않는다. 그렇다보니 직접 눈으로 볼 수 있는 3D 콘텐츠를 만들어서 비슷한 효과를 줄 수 있지는 않을까 그런 고민을 해봤다. 그러던 중 3D 안경의 효과에 대해 연구를 해봤고 이 가운데 배터리가 필요 없는 편광식 방식에 관심을 갖게 됐다.

하나의 형상을 2개의 사진으로 마련한 뒤, 각각 줄무늬 패턴으로 사진을 만든다. 단, 두 사진은 가려지는 부분이 서로 달라 합칠 때에는 전체 형상이 나오게 된다. 그런 뒤 2개의 사진을 겹칠 때 간격을 두게 하고 사람이 이를 볼 때에도 일정 거리에서 보게 되면 그대로 안경 없이 형상을 입체로 볼 수 있는 것이다. 이런 효과를 낼 수 있는 가장 좋은 대상은 상가의 쇼윈도이다. 입구보다도 더 큰 유리창에 이와 같은 마케팅 3D 형상을 걸어두고 일종의 포토존을 만들 경우, 그 자리에서 상가의 마케팅 자료를 보여줄 수 있다는 이론이다.

이를 위해 투명 비닐종이에 프린트를 해보는 실험을 하기도 했다. 실제 입체로 보이는 효과를 얻어내기도 했지만 이를 쇼윈도에 설치할 만한 상황은 아니어서 해당 연구는 그렇게 마무리됐다. 그러나

HUD 미디어 서비스를 출시해 배포할 수 있도록 영감을 줬던 연구여서 아직도 뿌듯하기만 하다.

이제는 뉴스 검색으로 홀로그램을 찾아보면 이미 많은 IT업체들이 홀로그램에 대한 다양한 특허를 보유하고 있다. 또 다양한 방식의 서비스도 구현해놓았다. 하지만 그래도 SF 공상과학영화에 나오는 정도의 홀로그램이 나와서 상용화하기에는 시간이 더 걸릴 것이다. 그래도 미디어의 변화는 이러한 홀로그램에까지 이어질 수 있다고 생각한다.

일부 대형 공연에서는 실제 현장에 없는 스타가 홀로그램으로 공연장에서 춤을 추는 식의 공연을 펼치기도 한다. 이렇다보니 미디어에 대한 다양한 기획을 하기 위해서는 홀로그램과 같은 새로운 기술에 대한 관심을 갖는 것도 중요하다.

홀로그램은 단순히 보고 즐길 수 있는 콘텐츠에만 해당하는 것은 아니다. 우리가 접근할 수 없는 환경을 먼저 확인하고 그에 맞는 정보를 파악하는 아주 효용성이 높은 미디어의 기술이다.

2002년에 개봉한 타임머신이라는 영화를 케이블 방송에서 본 적이 있다. 그 영화에서는 미래의 도서관 중앙에 강화 유리벽이 세워져 있다. 폭이 2m가 안 되는 강화 유리벽이 가로로 줄지어 세워져 있는데 그 안에 사람의 형상이 맺혀져 있어 이용자의 질문에 답을 해준다. 도서관의 모든 지식을 알려주는 도우미가 홀로그램으로 구현돼 인류에게 지식을 전수해주는 과정이 그려져 있다. 홀로그램은 그렇게 정보를 전달해주는 미디어의 새로운 모습이 아닐까 싶다.

　동굴 벽화에서, 거북이의 등, 나무 조각, 종이, 인터넷 페이지, 스마트폰까지 미디어는 다양하게 변화하고 있다. 미래에는 아마도 홀로그램이 이들을 대신하지 않을까 생각한다. 가지고 다니지 않더라도 방대한 정보를 입체로 알려주고 반응하고 새로운 정보를 입력하고 저장할 수 있는 홀로그램의 시대가 머지않았다고 생각한다.

　최근에도 마이크로소프트가 홀로렌즈라는 상품을 통해 이런 세상을 이끌어나가려고 노력하고 있다. 쉽지만은 않는 서비스이긴 하다. 이 역시 고글을 써야 하는 서비스여서 도구가 필요한 미디어인데, 앞으로는 그런 도구 없이도 홀로그램을 모두가 활용할 수 있을 것이다.

　필자 역시도 관심을 놓지 않고 미디어와 홀로그램의 접목이 어디까지 이어질지 끊임없이 고민해볼 생각이다.

공공성 너머의 수익성

　미디어를 기획하고 운영하기 위해서는 공감을 얻는 좋은 콘텐츠를 지속적으로 생산해야 하는 게 맞지만 수익성을 뒷전에 밀어둬서도 안 된다.

　취업을 앞둔 대학생의 경우에는 자신만의 경력을 쌓기 위해 1인 미디어를 운영하지만 수익성에 대해서는 관심을 갖지 않는다. 하지만 경력을 쌓기 위한 미디어라도 수익성을 갖춘다면 실제 미디어 사업을 하는 경영자들의 관심을 살 수 있을 것이다.

　미디어에서는 일반적으로 수익을 낼 때 어찌 보면 보이지 않는 수익에 의존하는 경향이 있다. 많은 이용자들이 접속을 할 경우, 배너광고를 전면에 내세우는 광고 사업이 가능한데 왜 보이지 않는 수익이냐고 의아해할지 모른다. 틀림없이 노출이나 클릭을 목적으로 배너광고를 붙이는 경우가 상당수이다. 하지만 오히려 이러한 광고는 경쟁 미디어업체에게 광고주의 목록을 고스란히 보여주는 것밖에 되지 않는다. 더구나 보여지는 광고에 대한 이용자들의 시선은 싸늘할 뿐이다. "아, 결국은 광고 수익 좀 거둬보려고 이런 글을 썼구나"

라는 비난만 받을 뿐이다.

선거철만 되면 상당수 언론사 홈페이지는 배너 잔치를 벌인다. 기사의 왼쪽과 오른쪽 측면에는 무작위로 후보자를 알리는 배너가 도배를 하게 된다. 일부에서는 실제 배너광고액보다는 도배해놓은 후보자 수를 내보이며 자신들의 미디어 파워를 입증하려고 한다. 그러나 실속은 없고 디자인적인 관점에서는 혐오스럽기까지 하다.

후보자들이야 어떻게 해서든 자신들의 이름이 한 번 더 오르락내리락했으면 좋겠고 자신들의 얼굴이 담겨진 배너창을 통해 선거에서 승리하기를 간절하게 기원한다. 하지만 실제 대세를 움직이는 데 배너광고가 어느 정도의 효과를 거둘 수 있을지 궁금하다. 자신에 대한 부정적인 기사가 나오지 않도록 사전에 광고를 하면서 보험을 들어놓으려는 의도 역시 예상하지 못하는 것은 아니다.

사실 미디어 입장에서는 배너광고는 해당 미디어의 파워를 알리는 것도 아니고 오히려 무배너광고가 파워를 내보일 수가 있다. 미디어의 상단 오른쪽 정도에 상징적으로 고정된 배너광고판만 있을 뿐 어딜 가도 배너광고를 살펴볼 수가 없다. 이럴 경우, 수익성은 어느 곳에서 나올까?

기사 노출에서 찾을 수 있다. 이렇게 말하면 다들 해당 후보나 기업을 홍보해주는 특집 기사를 말할 수도 있겠다.

아파트 분양시즌이 되면 분양을 앞둔 아파트에 대한 입지를 비롯해 평면 특징, 교통 및 교육환경, 편의시설 등에 대한 다양한 기사가 나온다. 상당수가 분양과 관련된 광고성 기사라고 보면 된다. 일반적인 신문 하단 광고가 좀 더 진화하면서 이와 같은 특집 기사성 광고로 변한 것이다. 기사로 전달하기 때문에 오히려 공신력을 얻을 수 있을 것이라는 점에서 광고주들은 특집기사 방식의 광고를 중요 하게 생각한다.

하지만 이 역시 보이는 광고에 속한다. 처음에는 보이지 않는 광 고에 포함됐지만 경쟁사에 제한적으로 노출된다는 차원에서 이제 는 대부분의 언론사에서 이와 같은 방식으로 수익성을 높여 보이는 광고가 돼 버렸다. 경쟁사에게 제한적으로 노출된다는 것은 일반 광 고시안이 나갈 경우에는 가로 세로 크기가 정해지기 때문에 그에 맞 춘 단가를 추정할 수 있는데 특집 기사는 기사의 분량과 광고 단가 가 완벽하게 일치하지 않기 때문이다.

그렇다면 보이지 않는 광고는 어떤 것일까?

요즘에는 '브랜디드 콘텐츠'가 보이지 않는 광고 범주 안에 들어 갈 것이다. '브랜디드 콘텐츠Branded Contents'는 상당부분 광고업계에 서 주로 이용하는 방식이며 최근에는 언론에서도 브랜디드 콘텐츠 를 통한 수익 규모를 키워나가고 있다. 브랜디드 콘텐츠는 '독자들 을 생각하게 만드는 저널리즘을 표방한 정보성 기사'라는 말로도 설 명이 가능하다. 광고가 아니지만 광고를 한 것과 같은 결과를 얻도 록 하는 게 바로 브랜디드 콘텐츠의 매력이다.

쉽지만은 않다. 이를 위해 필자는 에너지 절약과 관련한 일종의 브랜디드 콘텐츠를 진행했다. 이는 기사가 아닌, 픽토그램과 인포그 래픽을 연계한 방식이다.

일반적으로 1년 중 8월의 오후 2시께 순간 전기 소모량이 절정에 달하게 된다. 무더위가 한창이어서 에어컨 이용률이 가장 높다. 그렇기 때문에 '2시 절전'이라는 간결하지만 일종의 행동강령과도 같은 메시지만 전달한다면 기관에서는 굳이 가두행진이나 요란스러운 캠페인을 벌이지 않아도 된다.

이를 위해 필자는 경제지면의 상단 인포그래픽 코너 위에 2시 절전의 메시지를 담은 인포그래픽을 8월 1개월 동안 게재할 수 있도록 했다. 비정기적으로 해당 인포그래픽을 보게 된다면 독자들에게 전달하는 메시지의 강도가 약해질 수 있겠지만 1개월 동안 신문이 배포되는 날에는 무조건 해당 메시지를 볼 수 있도록 한 것이 나름 성과를 거뒀다. 또 언론사 트위터를 통해 매일 오후 2시가 되면 해당 캠페인 메시지를 전달했다.

물론 이 같은 캠페인을 함께 펼친 공기관과 기업도 있었지만 전면에 이들의 이름을 올리지는 않았다. 다만, 캠페인을 처음 시작할 때 함께하는 공기관과 기업을 거명해준 정도였다. 이들 공기관과 기업 역시 예전에 에너지 캠페인을 벌이기도 했지만 오히려 가두행진이나 일회성 행사에 그쳤을 뿐이어서 이번 방법에 대해 기대감을 높였다.

이번 캠페인은 공기관이나 기업이 자체적인 캠페인을 벌이는 데 투입되는 예산의 일부를 언론사에서 수익으로 거둬들이고 캠페인의 방향성에 맞춰 결과적으로 독자들에게 2시에 절전을 해야 한다는 반복적인 메시지를 전달했다는 점에서 의미가 남달랐다. 독자들

(자료제공: 중도일보)

은 이 캠페인을 통해 광고를 보지 못했을 것이다. 이 캠페인은 기존에 게재되는 인포그래픽 코너의 일부분으로 반영됐기 때문에 오히려 공익적인 면이 강했다.

이와 함께 브랜디드 콘텐츠의 방식은 기사로도 가능하다. 이미 PR업체들은 이와 같은 브랜디드 콘텐츠 기사를 적극적으로 활용하고 있다.

최근에 기억에 남는 한 PR 업체는 금융상품을 비교하고 컨설팅해주는 업체를 소개하면서 해당 업체에서 분석해놓은 기사를 언론사의 인터넷기사에만 게재할 수 있도록 했다. 해당 분석 기사 속에서는 하단에 홍보를 하려고 하는 업체의 이름과 웹주소가 함께 적혀 있다. 웹주소의 경우, 기사로 나오게 되면 자동적으로 직접 링크 방식으로 전환될 수 있는데 기사를 읽고 곧바로 해당 링크를 통해 홍보하려는 업체의 사이트로 접근할 수 있도록 한 것이다.

기사 1건당 광고 단가를 정해 언론사에 협의해서 기사 검색 결과에 나올 수 있도록 한다는 것이 해당 PR업체의 전략이다. 포털 사이트의 검색 광고에서 벗어나 언론사의 기사성 특집 광고 방식을 통해 광고 단가를 줄이는 동시에 공신력까지 얻겠다는 생각이다. 이미 해당 업체를 검색해보니 여러 인터넷 언론사에서 관련 기사를 연이어 보도하고 있었다. 다만, 이럴 경우에도 포털 사이트가 지양하는 어뷰징 행위에 속할 수도 있는 만큼 언론사에서는 주의해야 할 필요가 있다.

이렇게 보이지 않는 광고는 다양하다. '자신을 드러내지 않고 자신을 필요로 하게 한 뒤 나중에 자신의 존재를 알게 되면 시장을 독점할 수 있다'는 상당히 무서운(?) 전략이기도 하다.

페이스북이 국내에서 한창 인기를 끌던 때 한 페이스북 친구가 생각이 난다. 그 사람은 제주도의 한 나이트에서 일하는 호객꾼이다. 하지만 페이스북을 통해 그의 존재를 알 수 있는 부분은 단지 그의 직업란에 있는 간단한 상호명과 업무를 알리는 단어뿐이다. 그는 페이스북에서 제주도의 여행정보를 알려주는 제주도 홍보도우미 역할을 했다. 아마도 제주도 출신이라고 생각되는데, 그동안에 나오는 제주도 여행 관련 블로그에도 없는 아주 귀한 여행 정보가 끊임없이 나왔다. 친구 수 역시 최대수요까지 도달했다. '좋아요'는 물론, 댓글 역시 다른 일반 페이스북 이용자하고는 차원이 달랐다.

자, 그럼 이 사람의 제주도 여행 정보를 알아보고 제주도 여행을 한 사람들이 밤이 찾아올 때면 어느 나이트로 향할까?

이런 생각을 해봤다. 문득 도심 한가운데를 요란한 소리로 무장한 채 자신만 불러주면 최고의 서비스를 해주겠다는 탑차가 생각났다. 유명 운동선수는 물론, 연예인의 이름을 쓰는 호객꾼들의 탑차 광고보다도 페이스북을 통한 그 호객꾼의 홍보는 무언가 진지하면서도 미디어의 생리를 간파하고 있다는 자신감마저 느끼게 만든다. 보이지 않는 광고를 알고 그랬는지는 모르겠지만 이론 없이도 우리 생활 곳곳에서는 이러한 브랜디드 콘텐츠가 넘쳐나는 것 같다.

사실 미디어는 정부가 소유하지 않는 이상 민간의 재산이다. 하지만 여론을 이끌고 세상을 변화시킨다는 점에서 공공성이라는 특성을 부여하고 있다. 미디어라는 공공성 속에서는 위와 같은 보이지 않는 수익이 존재하는데, 미디어를 기획하는 사람들이라면 이제부터 이러한 수익성을 감추고 있는 미디어를 만들어보고자 하는 의욕이 넘쳐날 것이라 생각한다.

　어디선가 이런 말을 들은 적이 있다. '돈은 소리 없이 버는 것'이라고 말이다.

우리의 미디어, 흑과 백

그동안 서비스되고 있는 미디어는 어쩌면 어두운 면과 밝은 면이라는 2개의 공간에서 존재하는 것이라는 생각이 든다.

이슈의 성향에 대해 얘기하는 것은 아니다. 미디어 시장의 근간을 이루고 있는 플랫폼에 대한 얘기다. 현직 기자로서 미디어 플랫폼에 대한 불만이 상당하기 때문이다. 이 문제는 비단 국내 언론사의 얘기뿐만 아니라 현재 지구상의 모든 언론사가 처한 상황이다. 종이 신문 시스템은 이미 매체로서 인기를 잃은지 오래다. 다만, 오피니언 리더들은 신문에 자신의 칼럼이 나오길 원할 뿐이다.

인터넷 서비스가 제공되지 않았을 때에는 신문, 방송으로 크게 미디어를 구분 지었다. 방송 역시 신문 시스템에 부담이 되는 미디어이지만 신문이라는 기존의 시장이 붕괴될 정도는 아니었다고 본다. 하지만 인터넷의 보급은 신문시장의 붕괴를 코앞에 두게 만들었다. 물론, '신문은 죽어도 뉴스는 살아난다'는 말이 있지만 이미 뉴스도 살아나기엔 여러모로 어려운 환경에 처하게 됐다.

포털 사이트의 검색 시장이 바로 미디어의 생존을 더더욱 어렵게 만든다. 방송 분야까지도 어려움을 겪기는 마찬가지다. 검색으로 통합된 미디어의 통폐합이라는 점이 바로 그러한 어려움의 원인이다.

국내에서 검색시장을 독점하고 있는 포털 사이트에서 뉴스가 검색이 되는지 여부에 따라 광고가 해당 미디어에 따라붙고 있는 게 현실이다. PR업체는 포털 사이트 뉴스 검색이 되는지 여부를 먼저 보기 위해 샘플 홍보 기사를 내보낸 뒤 검색이 되면 이후 특집 광고기사를 추진한다. 너도나도 포털 사이트 뉴스 검색에 나올 수 있도록 혈안이 되어 있는 이유이다. 이렇다보니 어뷰징 기사, 반복적인 연예기사 등이 적발되면 경고 이후 검색 결과에 배제시켜버리기도 한다.

일부 포털 사이트는 지역지에서 서울발 정치기사를 작성하는 것에 대해 부정적인 시선으로 바라보고 있다. 분명, 서울본부를 별도로 마련해놓고 청와대와 국회 등 기관을 출입하는 기자가 자신만의 기사를 작성해 보도하는데도 포털 사이트 업체 시각에서는 지역지가 하지 말아야 한다는 얘기다.

신문은 그 자체로 오프라인이기 때문에 인터넷 상에서 검색이 되지 않겠지만 해당 기사들이 온라인 뉴스 홈페이지를 통해 보도되기 때문에 언론사의 정체성과 저널리즘이 포털 사이트에 의해 제한받고 있다는 불쾌한 기분을 지울 수가 없다. 수많은 미디어가 내놓는 뉴스는 그저 포털 사이트가 내놓는 선별된 뉴스 피드에서 스쳐지나가는 한낱 정보에 지나지 않게 돼버렸다. 더구나 뉴스에 대한 신뢰도 순위에 버젓이 포털 사이트 뉴스 코너가 상위에 자리를 잡고 있다는 것 역시 어처구니가 없다. 사실 언론사가 중요도를 편집한 뉴스를 또다시 포털 사이트가 자신들만의 기준으로 재차 편집한 뉴스가 국민들에게 전달되는 게 뉴스 미디어의 현 주소이다.

어찌 보면 미디어의 잘못일 수도 있다. 민간 검색 포털 사이트가 서버 비용에 대한 투자를 하고 무료 서비스를 하며 이용자들을 끌어모으는 동안 일부는 정부의 나팔수, 일부는 정부의 감시자 노릇만 했기 때문이다. 인터넷이라는 새로운 시장에서 미디어로서의 다양한 가능성을 그저 뉴스 생산에만 집중시켰다는 점이 이제 와서라도 후회해야 할 일이다.

온라인 미디어는 그런 후회를 안기는 한편 새로운 희망을 주기도 한다. 그저 포털 사이트의 뉴스 공장 노릇만 하기엔 아깝다는 생각이 든다. 이미 온라인 세상의 미디어는 포털을 삼키기에도 충분하고 새로운 시스템을 구축할 수 있을 만한 그릇을 가질 수 있기 때문이다. 아직은 큰 그릇을 만들 수 있는 자본이 없다 뿐이지 미디어의 다각적인 시도는 시장의 패러다임을 재편할 수 있을 것이라고 본다. 새로 나오고 있는 기술을 미디어가 먼저 바라보고 연구해야 한다는 얘기다.

이미 페이스북은 가상현실에 전문화된 기업인 오큘러스를 인수해 새로운 미디어 환경을 구축하고 있다. 기존의 소셜 네트워크 서비스가 검색 시장까지 넘보고 있다. 이는 무한히 남겨진 페이스북 이용자들의 자료를 토대로 구축된다. 포털 사이트가 자신들의 영역

안에 있는 서비스인 카페, 블로그 무료 홈페이지, 게시글 등을 이용해 검색 광고를 하고 있는 것처럼 말이다.

기존 미디어에서는 어떠한 분야에서 포털의 검색에서 차별화할 수 있을까?

그 답은 빅데이터에서 찾아볼 수 있지 않을까 생각한다. 정부에서는 정부 3.0차원에서 정보공개 포털을 운영하고 있다. 사실 이 가운데 사업화하기에 좋은 오픈 API 등의 자료는 제한적이다. 하지만 공공기관에서 국민이 궁금해 하고 있는 빅데이터를 잘 활용한다면 미디어는 뉴스를 제공하는 사이트에서 실시간 유익한 정보를 제공하는 서비스 사이트로의 변화가 가능하다.

지난해 정부에서 진행한 한 공공정보 빅데이터 활용 기획전에서 수상한 아이디어 가운데 국지성 강우와 자전거 길을 연계해 비가 오지 않는 자전거길을 알려주는 앱에 대한 기획이 좋은 반응을 얻었다.

요즘에는 언론사에서도 인포그래픽을 적용하는 곳이 상당수 있는데, 단순히 일회성 인포그래픽이 아닌, 실시간 변화하는 인포그래픽을 하나의 서비스로 내놓는다면 그 서비스를 이용하는 사람들이 늘어날 것이고 이를 통해 사이트 유입률을 포털 사이트에 의존하지 않고 확보할 수 있게 된다.

미디어는 정보를 전달하는 매체라는 아주 단순한 정리를 생각해 보면 못할 것이 없다. 미디어에서 뉴스를 판매한다는 생각을 하는 사람들이 많은데, 그것은 그저 앞에 보이는 것뿐이다. 경영 차원에서 뉴스는 항상 필요한 콘텐츠이지만 글과 그림, 동영상은 더 이상 새로울 것이 없다.

이제는 서비스를 지향하는 미디어로 한 계단 올라서야 할 때 다.

미디어 기획의 사명

미디어를 얼마나 만들어 운영해봤는가?

어떤 서비스에서 얼마나 높은 수익을 벌어봤는가?

이런 질문을 받는다면 아직은 대답을 해줄 때가 아니라고 생각한다. 필자 역시 아직도 미디어에 대해 고민을 더 많이 해보고 있으며 아직 젊기 때문에 좀 더 나은 미디어를 만들어나갈 수 있을 것이라고 생각하기 때문이다. 그래서 미디어 기획의 사명을 운운하기에는 아직은 부족하다.

하지만 미디어 기획의 사명 없이는 어떤 미디어도 만들 수 없다고 생각한다. 필자에게 미디어 기획의 사명을 밝히라고 하면 바로 이렇게 말해줄 수는 있다.

'인류의 삶을 윤택하게 만들어주는 미디어'

미디어가 뉴스를 생산하는 아주 국한된 매체라고 생각하는 것은 미디어 스스로 가능성을 줄이는 것이라고 생각한다. 앞으로는 미디어 서비스라는 개념이 도입돼야 하기 때문에 삶을 윤택하게 해주는 미디어가 분명 나올 것이라고 생각한다. 이는 정보를 어떻게 가공해서 분배하느냐에 대한 아주 간단한 개념에 불과하다. 일반적으로 언론사는 정보를 수집해 기사로 가공하는 1차적인 미디어에 그쳤다. 이제는 정보를 수집해 새로운 방식으로 제공하는 것을 익혀야 할 때이다. 미디어를 기획하려고 하는 언론정보학과 학생들의 경우에도 미디어를 생각할 때 단순히 기사쓰기부터 시작한다. 하지만 기술이 급격하게 진화되고 있는 상황에서 좋은 기사를 쓰는 일로 미디어를 기획하기에는 그 시간이 아깝다.

콘텐츠는 읽는 콘텐츠에서 보는 콘텐츠로 변화했다. 또 보는 콘텐츠에서 체험하는 콘텐츠로 변화하고 있다. 이제는 인공지능을 통해 감동을 주는 콘텐츠로 진화하고 있다. 나도 모르는 사이에 내가 원하는 콘텐츠를 미리 알고 나에게 주고 나의 변화를 시시각각 확인하면서 새로운 콘텐츠를 제공하는 시대인 것이다.

그 다음은 무엇일까?

그래서 미디어의 먹을거리는 무한대이다. 정보는 가공될 때가 그 무엇보다도 아름답다.

미디어 기획자의 사명은 보다 많은 사람들에게 새로움을 전달하고 그 새로움 속에서 차별화된 가치를 건져내 삶이 편할 수 있도록 해주는 게 아닐까 싶다. 때로는 언짢은 이야기나 보기 싫은 상황을 재현해줄 수도 있다. 하지만 그 역시 인생의 타임라인에서 볼 때 도움이 된다면 필요하다.

더 이상 뉴스 피드의 시간과 업무과정 속의 시간에 갇혀 있지 말아야 한다. 인생의 타임라인 속에서 미디어가 어떻게 사회에 영향을 미치고 사회를 어떻게 변화해나갈지 미리 예측하고 미리 시도해보는 것이 미디어 기획자들의 임무라고 생각한다.

그래서 미디어 기획자는 시간을 지배할 줄 알아야 한다. 1년 뒤의 시장 변화는 어떨 것이고 나는 지금 무엇을 해야 하고, 5년 뒤에는 어떠한 사회 모습이 펼쳐질지 끊임없이 연구해야 한다. 단순히 미디어를 자신만의 포트폴리오로 채우기 위해 만든다면 그것은 미디어가 아니다. 단순한 정보창고일 뿐이다. 정보창고를 살아 있는 미디어 센터로 만들 수 있는 능력을 키우는 데 힘을 쏟아야 할 것이다.

마치며

많은 이들이 미디어에 대해 다소 제한적인 시각에서 바라보거나 어찌 보면 막연하게만 바라본다는 생각을 하게 된다. 그러나 단순하게 생각하면 정보를 전달하는 매체, 그 자체에서 생각해보면 정말 재미있는 아이디어가 무수히 나올 것이라고 믿는다. 자칫 단순한 것을 촌스러운 것, 시대에 뒤쳐지는 것, 초보적인 것이라고 생각하는 경향이 있는데, 모든 일에는 단순화 과정이 우선돼야 한다고 생각한다.

일부 매체에서는 단기간에 수익을 올리기 위해 무조건 타 매체의 방식을 비판 없이 받아들이는 것을 종종 본다. 그런데도 수익은 커녕, 조회수도 예년 대비 크게 달라지는 것이 없는 결과를 초래하기도 한다. 이때 가장 위험한 것은 무엇이 문제인지를 알지 못하는 것이다. 더구나 문제를 파악하려 하지 않고 무조건 열심히 하면 되겠지라는 생각으로 미디어 담당자들의 헌신적인 노력만 요구하기도 한다.

필자 역시 앱 개발을 하면서 이런 과정을 겪었다. 컴퓨터 공학을 전공하지 않은 프로그램 문외한이 무턱대고 코딩을 배우면서 앱을 만들었지만 이후 버그가 계속 발생하면서 이것을 어떻게 해결할지 도대체 답이 나오질 않았다. C언어의 기초도 모르면서 간단한 앱만 만들 수 있는 코딩 덩어리를 붙였다 뗐다하면서 앱을 만드는 통에 이후 운영체제가 업그레이드되면서 버그 투성이로 앱이 변했던 게 생각이 난다.

그나마 초기의 앱은 다소 복잡한 코딩이 들어가지 않아 오히려 업그레이드가 덜 필요했지만, 그 과정에서 문제를 해결하기 위해 밤을 새웠던 시간은 아마도 헤아릴 수 없을 정도였다. 문제가 무엇인지를 모르기 때문에 해결할 수 없다는 것은 너무나도 괴로운 일이다. 더구나 문제를 해결할 수 있는 방법조차 알아낼 수 있는 능력이 없다면 더욱 비참하다.

처음엔 그랬다. 하지만 그 과정이 오히려 향후에는 더 나은 미디어를 기획하고 만들어가는 좋은 영양분이 됐다.

미디어라는 것은 항상 변화하고 어디서 어떻게 개선해야 할지 모를 정도로 빠르게 발전한다. 그렇기 때문에 문제는 항상 생기고 변수는 필수조건에 속한다. 미디어 기획을 변수와 다양성의 싸움이라고 보는 이유다.

그런 과정을 겪는다는 것은 보다 나은 미디어를 만들 수 있는 내공을 쌓는 일과 같다. 무엇이 문제인지를 알아내는 과정은 발전을 거듭할 수 있는 가능성을 여는 행위인 만큼 미디어는 고민한 만큼 좀 더 새로워지고 발전하는 것 같다. 오늘도 많은 이들이 새로운 미디어를 기획하고 있을 것이고 기존 서비스를 업그레이드하는 데 심혈을 기울이고 있을 것이다.

필자 역시 다양한 고민을 한다. 내일은 어떻게 세상이 변할까? 또 나는 무엇을 해야 할까? 이런 생각을 하다 보면 그저 내일이 설렌다. 어느덧 서른 중반을 훌쩍 뛰어넘어 불혹의 나이가 다가오는 것을 느끼는 시기이지만 아직도 내일을 생각하면 설레는 것은 스무 살 때와 별반 다르지 않다.

그리고 아직도 미디어라는 시장을 바라보면서 젊은 나이라고 생각한다. 필자보다도 나이가 적은 사람이 국내 최대 규모의 소셜 미디어 업체의 전문경영인으로 취임하기도 했지만 굴하지 않고 새로운 미디어를 계속해서 고민하고 있다.

그리고 필자가 근무하는 언론사가 비록 지역지이지만 중국을 향한 새로운 도전도 함께 진행 중이어서 보다 재미난 일들이 앞으로도 계속 펼쳐질 것이라는 생각에 하루하루가 감사할 뿐이다.

감사의 글

여유 있게 스케줄을 세워놓고 글을 쓴다는 것이 업무에 밀려 뒤늦게 시간과의 싸움 속에서 마감한 것이 여간 신경이 쓰이는 게 아니다.

기자에게 글을 쓴다는 것은 생활과도 같은 일이지만 책을 쓴다는 것은 아무리 기자라고 해도 처음으로 저술하는 다른 저자들과 그 마음이 다르지 않다고 본다. 어찌 보면 나만의 생각에 사로잡힌 이론일 수도 있다는 생각도 들고, 아직 보지 못한 미디어의 새로운 관점을 미처 확인하지 않은 채 마냥 지금의 것이 전부일 것이라는 착각 안에서 글을 썼을 수도 있다.

하지만 하나만은 확실하다. 미디어라는 곳에 발을 내딛고 10년 만에 미디어에 대한 첫 저술을 한다는 것에 그래도 그동안의 다양한 도전을 조금이나마 솔직담백하게 설명했다는 것이다. 덜도 아니고 더도 아닌, 숱한 새벽시간을 쪼개가며 잠과의 사투를 벌이고 치열하게 살아왔던 20대 후반부터 지금까지의 모습의 단편이 아닐까 싶기도 하다.

그렇다보니 잠시 숙연해지기도 한다. 시행착오 속에서 힘들어하는 모습을 묵묵히 지켜봐주시며 조용한 목소리로 응원해주신 어머니. 10년의 과정 속에서 가장 긴 시간을 지켜보면서 힘을 주셨던 어머니께 감사의 말씀을 드리고 싶다. 한 자리에서 분주하게 움직이는 아들의 모습이 때로는 안타깝기도 하고, 때로는 답답하게 느끼셨을 수도 있을 것이라 생각한다. 이제는 가정을 꾸린 어엿한 가장이 돼 저술까지 한다니 그저 조건을 따지지도 않고 대견하게 생각해주시리라 믿는다. 그래서 더욱 힘이 생기는 이유이기도 하다.

그리고 이런 모습을 곁에서 다독여주고 이끌어준 아내에게도 감사하다는 말을 전하고 싶다. 앱 개발한다고 모임 잡고 글 쓴다고 시간 없다는 남편을 항상 인정해주고 알아주는 그녀이기에 하루를 더욱 정진하고 살아갈 수 있었다. 갓 태어난 아이의 육아에 분명 함께 동참하겠다던 약속을 매번 바쁘다는 핑계로 어긴 남편이지만 탓하지 않고 그 빈틈을 채워준 모습에 다시금 미안하면서도 고맙다. 일하는 동안이나 글을 쓰는 동안에 아내가 촬영해 보내주는 아이와의 정겨운 모습을 바라보면 저절로 흥이 날 수밖에 없다. 그런 모습으로 응원해주는 아내가 있기에 좀 더 나은 미디어를 위한 도전을 할 수 있었던 것 같다.

이제는 그 미디어에 대한 아이디어를 아내에게서도 찾는다. 아내는 항상 새로운 미디어에 대한 첫 고객, 첫 감평사이다. 가끔은 미디어 기획을 하는 필자보다도 더 전문가 같은 멘트를 하는 통에 놀라기도 한다. 조언을 조언 같지 않게 해줄 수 있는 아내에게서 미디어에 대한 새로운 가치를 발견한 만큼 나중에 그와 관련된 무엇인가를 해보고 싶다.

그리고 6년의 시간동안 개발팀의 중추적인 역할을 해줬던 회준 씨에게도 무한한 감사의 말씀을 전하고 싶다. 막연한 아이템을 묵묵히 함께 해오다 실패하기도 하고, 본업 이외에도 변함없이 곁에서 큰 힘이 되어 주고 있는 그를 통해 이제는 공학도의 생각을 읽을 수 있는 새로운 언어를 배우게 됐다. 다른 개발자하고도 이제는 서슴없이 대화가 통할 수 있는 것은 회준 씨 덕분이라고 생각한다. 그에겐 항상 새로운 선물을 해주고 싶은 마음뿐이다.

마지막으로 김재영 교수님께도 감사의 말씀을 전해드리고 싶다. 변변치 않은 저술 목차에 대한 가치를 높게 봐주시고 강의에도 참여하게 해주신 점에 대해 영광으로 생각한다. 수많은 학술적 이론과 다양한 샘플링을 하셨겠지만 지역지에서 쌓아온 나름의 경험에 대해서도 응원을 해주시고 때론 탄성을 지르기까지 해주시니 저절로 고개가 숙여진다. 그 옛날 대학교 1학년 때 무심코 들었던 수업 시간에 느꼈던 것처럼 겉으로 풍겨지지 않는 무엇인가 깊은 내공을 다시 한 번 느낄 수 있었다.

이 밖에도 이희만 교수님, 첫 프로젝트팀 멤버들, 이형복 박사님, 김현태 교수님, 이재욱 실장님, 누나에게 감사의 말씀을 전한다. 또 새로운 영감을 얻을 수 있도록 해준 배정우 대표, 김연신 대표, 김리

라에게도 고맙다는 말을 꼭 해주고 싶다.

그리고 아직 끝나지 않은 미디어 기획에 동참할 예정인 '그분들'에게도 미리 감사하다는 말씀을 꼭 전하고 싶다.

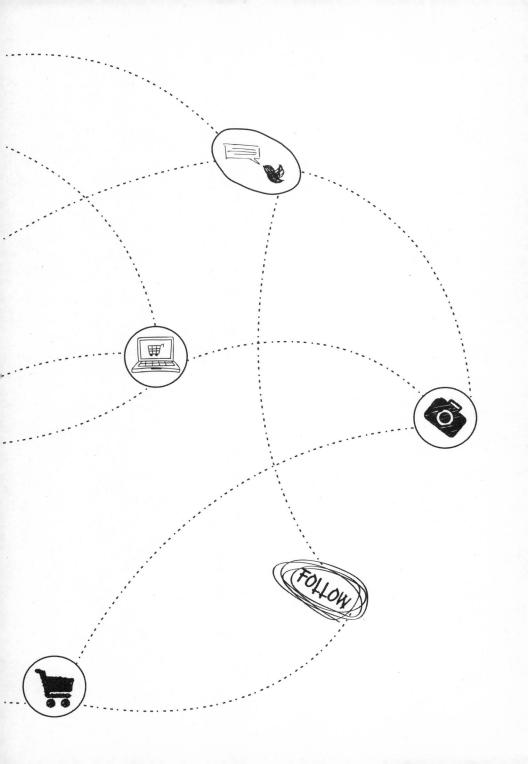

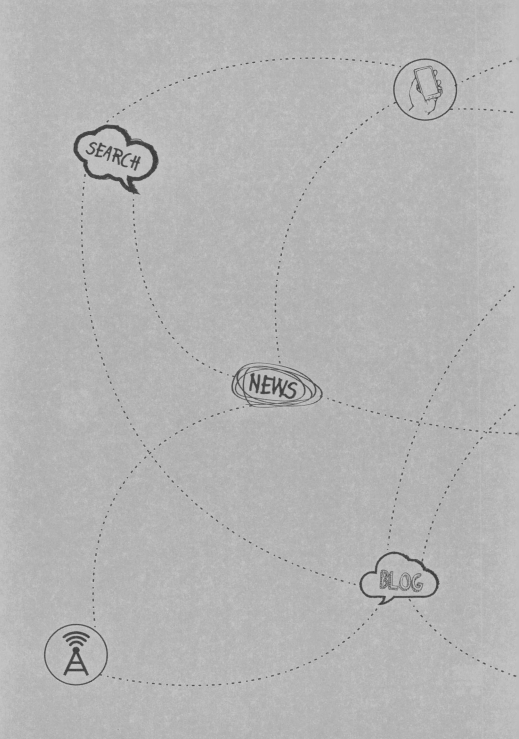